第4の波

THE FOURTH WAVE

大前流「21世紀型経済理論」

KENICHI OHMAE

大前研一

小学館

第4の波

―大前流「21世紀型経済理論」―

大前研一

プロローグ　未来予測は「希望」となる

巨大IT企業「大量解雇」の意味

２０２２年秋以降、アメリカの巨大ＩＴ企業で大量解雇のニュースが相次いだ。

ツイッター▼イーロン・マスクＣＥＯ就任後、約７５００人いた社員を３分の１に削減

メタ（フェイスブック親会社）▼全社員の13％に相当する１万１０００人の削減を発表

アマゾン・ドット・コム▼全社員の１％強に相当する１万８０００人以上を削減予定

マイクロソフト▼全社員の５％弱に相当する約１万人を削減すると発表

アルファベット（グーグル親会社）▼全社員の６％に相当する１万２０００人を削減予定

もちろん、各企業の人員削減には個別の理由がある。解雇の対象となった人員も、タイミングもバラバラで、経営状態によってそれぞれの経営陣が判断したものだ。だが、実はいずれこうした事態が起こり得ることは予想できたことで、後述するように、私も雑誌などの連載や講演で指摘していた。これらは、たまたま業績悪化や過剰人員が発生したわけではなく、必然性があることであり、今後も繰り返されるだろう。それはなぜなのかについて、本書で詳しく解説していきたい。

いずれにしても、これらの企業の大規模なリストラを、1年前の時点で〝予言〟できた人間はいなかったと思う。だが現実に今の時代には、こうした緊急の経営判断が必要になることがしばしばある。そして、その速度はますます速まっている。

私が「リアルタイム」にこだわる理由

私は毎月、自身が主宰する企業経営者の勉強会「向研会」で東京・名古屋・大阪・福岡を回り、講演している。そこでは毎回、企業経営や経済動向、世界情勢などについて新たなテーマを設定し、その時々の自分の研究成果を発表している。

それとは別に、私が学長を務めているビジネス・ブレークスルー（BBT）大学・大学院での講義も担当している。その講義の1つに、「リアルタイム・オンライン・ケーススタディ（RTOCS〈アールトックス〉）」と呼んでいるものがある。これは、企業や国家など様々な組織のマネジメントを研究するために、「もし私が○○○のトップだったらどうするか」と学生たちに課題として与え、最新の状況を踏まえて、まさに「リアルタイム」で経営するシミュレーションを立てていく。

他の多くの大学・大学院でも、経営学の講義で企業や組織のケーススタディを学んでいる。だが、それらは使い古された過去の研究成果を毎年繰り返し使っていることが多い。たとえば、私が以前聞いたことがある例では、「日産はいかにしてフォードを抜いたか」とか、「富士フイルムとコダックのシェア争いについて」といったテーマもあった。

そうした講義をしている教授にしてみると、過去の事例とはいえ普遍的な内容が含まれており、毎年新しい学生が入ってくるのだから、同じテーマであってもなんら問題はない、ということらしい。しかし、私に言わせれば、経営を分析して、次の一手を考える企業経営のケーススタディは、まさにいま現在、起きているケースでなければ意味がない。なぜかと言えば、冒頭で紹介したIT企業の大量解雇を見てもわかるように、たとえばシリコンバレーで誕生したスタートアップ（新興企業）が半年で失速したり、違うビジネスに変貌したりということは往々にして起こり得るからだ。となれば、時間をかけてケーススタディを書き上げても、できた時点でもう役に立たないということになってしまう。

現在は、ネット検索やSNSを通じて、瞬時にたくさんの情報を入手することが可能だ。BBT大学・大学院の学生たちも、そうやってRTOCSの課題に次々と取り組んでいる。つまり、経済研究や経営分析は「リアルタイム」でやるしかないのだ。

わが友アルビン・トフラーの「慧眼」

そんな私の2022年からの大テーマは「21世紀の新しい経済学」である。なぜ今、日本経済はうまくいかないのか。世界はどういう経済に入ろうとしているのか。その中で、企業やビジネスパーソンは何を準備して、どう生きていくべきか——。

それを考えるためのキーワードが「第4の波」だ。

これは、アメリカの未来学者で、私の友人でもあったアルビン・トフラー氏が1980年に上梓したベストセラー『第3の波（THE THIRD WAVE）』をヒントにしたものである（以下の引用は、徳岡孝夫監訳・中公文庫版1982年刊による。同文庫の書名は『第三の波』だが、本書では『第3の波』と算用数字で表記する。以下同じ）。

トフラー氏は1928年にニューヨークで生まれ、1949年にニューヨーク大学を卒業。新聞記者、「フォーチュン」誌の編集者、AT&Tの経営コンサルタント、コーネル大学の客員教授などを務め、2016年にロサンゼルスの自宅で亡くなった。『第3の波』のほか『未来の衝撃』『未来適応企業』『パワーシフト』などの著書がある。

トフラー氏と私は、海外の講演会などでしばしば顔を合わせるうちに親しくなり、私がアメリカに行った折は必ずロサンゼルスのビバリーヒルズホテルで朝食を共にして意見交換する仲になった。私よりひと回り以上も歳上の大先輩だが、ある時、彼は「君と私はtwo peas in a pod（1つのサヤの中の2つの豆）だ」と言った。我々は親も人種も育った

図表1 未来学者アルビン・トフラーが提唱した「第3の波」の段階を経て、人類社会の発展段階には「第4の波」が到来している

人類社会の発展段階

農業革命

第1の波
農業社会

産業革命

第2の波
工業化社会

情報革命

第3の波
IT社会
（脱工業化社会）

AI・スマホ革命

第4の波
サイバー社会

（IT社会との違い）
スマホベース
AIベース
無から有を生む

狩猟社会

アルビン・トフラーが提唱した社会 → 現在見えてきた新たな社会

（参考）アルビン・トフラー著『第三の波』日本放送出版協会

国も違うが、思想的に全く同じ染色体を持っている、という意味である。その後、私が1998年に日本初のオンライン経営研修企業「ビジネス・ブレークスルー（BBT）」を創設した際は、アドバイザリーボードにも加わってもらった。

そのトフラー氏は「第1の波」の「農業革命」によって農業社会、「第2の波」の「産業革命」によって工業化社会になったのに続き、次は「第3の波」の「情報革命」が起きて脱工業化社会になると主張した（図表1を参照）。インターネットが普及する約20年も前に、IT社会の到来を予見していたのである。

その慧眼（けいがん）は畏（おそ）るべきもので、近現代の文明を支配していた巨大な潮流と、1980年代以降の世界の変化の波を、ものの見事に分析していた。

たとえば、同書が書かれたのは、ちょうどパソコンが誕生・普及し始めてまもない時期で、〈家庭や個人が使うコンピュータは、五年前はゼロに近かったが、今日では米国の居間、台所、書斎で三〇万台のコンピュータがデータを処理している〉といった状況だった。

そうした時代に、トフラー氏はコンピューター産業やエレクトロニクス産業の爆発的な発展、あるいはエネルギー危機などが追い風となって、「第3の波」の勢いがさらに加速していくと予想し、あらゆる局面で大きなうねりとなっていくと予言した。

〈たとえば核家族の分裂、世界的エネルギー危機、迷信の流行とケーブル・テレビジョン、フレックス・タイム制の人気と新しい一括付加給付制の登場、あるいはカナダのケベック州からフランスのコルシカ島に至る分離独立運動まで、その一つ一つはすべて独立の事件のように見える。だが、正反対のことも言えるのである。

ちょっと見には何の関連もない出来事や潮流でありながら、そのような現象は実は互いに関連している。産業第一主義の死と新しい文明の勃興という、はるかに大きい現象の部分部分にすぎないのである〉

しかし現在は、トフラー氏が生きていた時代には予想すらされていなかった技術やシステムが登場し、「第4の波」と言うべき全く新しい社会が到来している。

もし今もトフラー氏が生きていたら、この「第4の波」について考察し、新たな著書を執筆していたに違いない。だから、亡き友に代わって私がそのテーマに取り組みたいと考えたのである。

もう、政府には頼まない

これから世界はどこへ向かうのか。社会や文明はどのように変貌を遂げるのか。それを予測し、「次の波」に乗ることができれば、個人も企業も国家も成長することが可能になる。

しかし、今の日本の現状を見ていると、とてもそんな明るい展望は描けない。

２０２２年４月に刊行した拙著『経済参謀』（小学館）で詳しく解説したように、世界中の企業や個人は今、ＤＸ（デジタルトランスフォーメーション）によって仕事の生産性を劇的に上げている。日本もまた、それに後れを取ることなく、緊急かつ抜本的な改革を断行しなければならない。ところが、今の日本政府＝岸田文雄政権がやっていることは、同書で提言した対策からはほど遠い「愚策」だらけだ。

アベノミクスと異次元金融緩和を継続しつつ、日本経済はずぶずぶと地盤沈下し続け、皆が等しく貧しくなっている。私は、第２次安倍政権が始まった当初から、アベノミクスは誤った経済理論に基づく的外れなものだとして、いわば〝最長不倒〟で批判し続けてきたが、改善されることなく、間もなく10年になろうとしている。

もはや日本政府には頼れない――。かつて作家の城山三郎が書き残した、気骨ある〝財界総理〟石坂泰三による政権批判の至言のように、今こそ日本国民が政府に向かって「もう、きみには頼まない」と啖呵（たんか）を切らざるを得ないところまで来ていると思う。

なぜ日本は変われないのか。この国は、このまま凋落(ちょうらく)していくしかないのか。これから今の若者たちやその子供たちはどれだけ〝重い十字架〟を背負わされるのか――。そう考えると、暗澹(あんたん)たる気持ちになる。

だが、ここでも学ぶべきは、トフラー氏の思想だ。

彼は『第3の波』の中で、当時の暗い世相や未来予想を描写しつつ、それに対する我々の心構えとして、こう書いている。

〈こんな現実に直面すれば、悲観好きな予言者カサンドラでなくても世の終末を予言したくなる。……だが、この本を読んでほしい。……世界は狂ってなどいない。それのみか、一見ばかばかしい事件がごたごた起っている裏に、意外に明るい、希望に転じうる図式があるのが見える。この本は、そうした図式と希望を書いた本である。〉

未来を予測し、来たるべき「図式」を提示することで、人々はそれに対処する手がかりを得ることができる。それは希望に通じるのだ。

トフラー氏の『第3の波』が当時の人々にとって「希望の書」であったように、本書も読者に希望を与えるものであってほしい。そう切に願っている。

2023年2月

大前研一

目次

第1章

「第4の波」とは何か

第2章 「将来不安」は解消できる

――課題先進国・日本が示すべき未来像 91

第3章 生き残りのカギは「スパイク型」

序章〈現状分析〉「第3の波」すら越えられない日本

「世界3位の経済大国」も風前の灯火

「第4の波」について見ていく前に、日本経済と日本企業が今どういう状況にあるのかについて概観しておきたい。

1968年にGDP（国内総生産）で当時の西ドイツを抜いて以来、40年以上にわたって「世界2位の経済大国」だった日本は、2010年に中国に追い抜かれて3位となった。続く4位はドイツで、日本とは2兆ドル以上の差があったが、今では数千万ドルに縮まっている。「世界3位」の称号も、遠からず外れてしまうだろう。それどころか、2050年には中国やアメリカの8分の1、世界9位に後退するという予測もある。

1人あたりGDPはもっと顕著だ。内閣府の試算では2020年度の1人あたりGDPはOECD（経済協力開発機構）加盟38か国中で19位。IMF（国際通貨基金）の数字でも購買力平価ベースですでに２０１８年に韓国に追い抜かれ、それ以降もその差が年々拡大している。

だが、日本経済の凋落ぶりはそれだけではない。

多くの分野で進む〝地盤沈下〟

前著『経済参謀』でも指摘したように、日本の賃金は20年以上にわたって横ばい状態で、日本の平均年収は、韓国より約40万円、ＯＥＣＤ平均より約１２０万円、アメリカより約３５０万円も低くなってしまっている。その傾向は、新型コロナウイルス禍に見舞われている２０２０年以降さらに拡大している。企業は、労働生産性が高まらなければ、賃上げできない。20年以上も給料が上がっていないということは、日本企業の生産性も上がっていないということだ。

日本企業の低迷ぶりについては、第1章以降に説明していくが、象徴的なのはユニコーン企業（時価総額が10億ドル以上と評価される未上場のベンチャー企業）の数だろう（２０２２年10月時点）。アメリカが６５１社、２位の中国が１７２社とケタ違いに多いのはともかくとして、３位は近年急成長しているインドの70社、４位イギリス（49社）、５位ドイツ（29社）と続いている。その中で、日本はわずか6社で18位となっている。アジアでも、10位韓国（15社）や11位シンガポール（14社）に及ばない。

教育分野でも同様だ。イギリスの大学評価機関クアクアレリ・シモンズ（ＱＳ）による世界大学ランキングでは、日本の大学の最高位は東京大学の23位。1位は、私の母校であるＭＩＴ（マサチューセッツ工科大学）、2位以下はケンブリッジ大学、スタンフォード大学、オックスフォード大学、ハーバード大学と有名校がずらりと並ぶが、同じアジアでも中国は北京大学（12位）、清華大学（14位）が上位に入り、トップ20にシンガポールの南洋理工大学（19位）も入っている。科学論文の数でも、２０２２年に上位10か国から外れ（文部科学省「科学技術指標２０２２」）、スペインや韓国にも抜かれたと報じられた。

日本という国全体が、まさに〝地盤沈下〟を起こしているような印象がある。無論、その原因はいろいろあるだろうが、日本が世界の潮流から完全に乗り遅れてしまったのは間違いない。

単なる統計や調査だけでなく、実際に日本が軽視される場面も出てきている。それを象徴する〝事件〟が、２０２２年5月のバイデン米大統領の韓国・日本歴訪だった。

なぜバイデンは日本より先に韓国を訪問したのか

就任後初めて東アジアを訪問したバイデン大統領はまず韓国、次に日本を訪れた。アメリカ大統領が日本より先に韓国を訪問するのは、実に28年ぶりという異例のことだった。

その理由については「親米的な尹錫悦(ユンソンニョル)大統領の就任を祝うため」「オーストラリアのアンソニー・アルバニージー新首相がクアッド（日米豪印の連携枠組み）の首脳会議に出席できるようにするため」など様々な見立てがあったが、旅程上は日本が先でもおかしくなかった。

そもそも、外交では最初に訪れる国を最も重視しているに決まっている。ホワイトハウスのサキ報道官（当時）は訪問の順序について「あまり深く考えないでほしい」と言葉を濁したが、今回の歴訪でバイデン大統領が日本よりも韓国に重きを置いたのは間違いない。

なぜか？　1つには韓国経済が好調を持続していることが挙げられる。

ＩＭＦ（国際通貨基金）によると、２０２１年の成長率は４・０２％で、日本の１・６２％（２０２２年４月時点の推計）を大きく上回り、過去40年間、韓国が「通貨危機」に見舞われた１９９８年を除いて日本を凌駕しているのだ。だが、それだけではない。

バイデン大統領の韓国でのスケジュールを見れば、理由は明らかだろう。バイデン大統領は到着後、その足でサムスン電子の半導体工場に向かい、尹大統領や同社の李在鎔副会長（当時）と会った。その後も毎日、韓国の企業経営者と面会し、最終日には現代自動車グループの鄭義宣会長と単独会談を行なった。つまり、訪韓の大きな目的は韓国企業の対米投資拡大を要請することだったのだ。

実際、サムスングループは今後５年間で（つまり尹大統領の任期中に）設備投資や研究開発に４５０兆ウォン（約47兆円）もの巨額投資をすると発表した。その一部は半導体のファウンドリー（受託生産）の新工場としてアメリカに向かうだろう。２０２２年11月の中間選挙対策で雇用を増やすため、世界シェア２位のサムスンを訪れたのである。

日本でのクアッド首脳会合では４か国が「自由で開かれたインド太平洋」実現に向け、

今後5年間で同地域のインフラ整備に500億ドル（約6兆5000億円）以上の支援や投資を目指す方針で合意したが、サムスンは1社でその7倍超の投資をするわけで、スケールが桁違いなのだ。

他の韓国企業も巨額投資を発表している。たとえば、現代自動車はグループ企業3社で2025年までに63兆ウォン（約6兆6000億円）、ハンファグループは今後5年間で37兆6000億ウォン（約4兆円）、ロッテグループも今後5年間で37兆ウォン（約3兆9000億円）という具合である。「新政権への〝ご祝儀〟」といった見方もあるが、それができるだけの勢いと余力が韓国企業にはあるのだ。

一方、日本政策投資銀行の調査によると、日本の大企業（資本金10億円以上）の2022年度の国内設備投資計画は、全産業758社で3兆8784億円でしかない。彼我の差は歴然である。

ソニーもホンダも〝周回遅れ〟

たとえば半導体については、政府は台湾のTSMCが熊本県に建設する工場に投資額の半分の約4000億円の補助金を出す見通しだ。その工場は隣接地に工場があるソニーグループなどに回路線幅22／28ナノメートルと12／16ナノメートルの半導体を供給するというが、これは10年以上前の旧世代の半導体である。いまや最先端の半導体は1～2ナノメートルに達しようとしているのに、こんなレベルでサムスンに太刀打ちできるはずがない。

ＥＶ（電気自動車）も、現代自動車が世界の先頭を走っている。３５０kWの急速充電に対応したＳＵＶ（多目的スポーツ車）「アイオニック５」を２０２１年に欧米で発売し、２００９年に撤退した日本の乗用車市場にも、２０２２年5月から再参入して投入した。満充電1回あたりの航続距離は４９８〜６１８km（ＷＬＴＣモード／以下同）、たった5分の急速充電で約２２０km走行できるという。まさにガソリン給油と同じ感覚であり、満充電1回あたりの航続距離が５６５〜６８９km、15分の２５０kW急速充電で約２７５km走行できるテスラ「モデル３」と世界で一、二を争っている。

それに対し、日本勢はＥＶで完全に出遅れている。たとえば日産「リーフ」は満充電１回あたりの航続距離が３２２〜４５０kmで、「アイオニック５」や「モデル３」よりかなり短い。しかも、日本の急速充電方式「チャデモ（CHAdeMO）」は、今のところ急速充電器の大半が最大出力50kW以下だ。車種にもよるが、一般的に15分の50kW急速充電では約80kmしか走行できないとされる。

現代自動車やテスラのＥＶも、コストや安全性、環境対策、大雪などで立ち往生した時の「電欠」リスクなどまだまだ課題は多いが、日本勢が両社の後塵を拝していることは明らかだ。

本田技研工業とソニーグループが合弁会社を設立し、ＥＶを共同開発・販売するというのも意味不明である。もはや両社に革新的な商品を次々に生み出していた往時の輝きはない。２０２５年に新ブランド「アフィーラ」の販売開始を想定しているというが、完全に

〝周回遅れ〟であり、現代自動車やテスラに追いつくのは至難の業だろう。

さらに、日本は音響機器メーカーも壊滅状態だ。かつては山水電気、トリオ（現在のＪＶＣケンウッド）、パイオニア、オンキヨー、赤井電機などの日本企業がハイエンド商品で世界を席捲していた。しかし、山水電気と赤井電機は経営破綻し、パイオニアを子会社化したオンキヨーも２０２２年5月に破産した。アメリカのＪＢＬやＢＯＳＥと異なり、スマホ時代の顧客ニーズに対応できなかったのである。

要するに、今の日本の根本的な問題は、多くの日本企業が〝進化〟できずに落ちぶれていることであり、今回のバイデン大統領の訪韓に政府は危機感を持つべきなのだ。ところが、岸田内閣が決定した「経済財政運営と改革の基本方針（骨太の方針）２０２２」には「持続的な経済成長に向けて、官民連携による計画的な重点投資を推進する」といった空虚な文言が並ぶだけである。世界で大注目される企業がなくなってしまった日本の凋落が、政府の掛け声で反転することはないだろう。

〝機能不全〟の象徴である「担当大臣」

なぜ日本政府は、目の前の現実に対して、有効な政策を打てないのか。個々の政治家の資質に帰するのは簡単だが、今の政治制度や組織そのものが旧態依然のままで、全く新しい時代の要請に応えられていないことこそ深刻な問題だろう。

今の政府がいかに〝機能不全〟を起こしているかは、閣僚を見ればよくわかる。

第2次岸田改造内閣の顔ぶれについては、旧統一教会との関係や派閥配慮の人事にばかり注目が集まった。結果的に、その直前に鳴り物入りで新設された2つの担当大臣――スタートアップ担当とGX（グリーントランスフォーメーション＝※）実行推進担当――については、ほとんど話題にならなかった。

しかし、これはどちらも笑止千万の〝担当〟大臣であり、そもそも「大臣とは何か」という原点が問われるべき人事だと思う。

まず、スタートアップについては、岸田首相が「年末までに、5年で10倍増を視野に、5か年計画を策定する」と述べ、その司令塔として山際（やまぎわ）大志郎経済再生担当大臣を兼務させた（統一教会との関係発覚が相次いで辞任。後任は後藤茂之衆議院議員）。日本は海外に比べてスタートアップが非常に少ないから増やさねばならないのは確かだが、岸田首相は担当大臣を置いて5か年計画を策定すれば10倍にできると思っているのだろうか？

1996年に起業家・アントレプレナー育成学校「アタッカーズ・ビジネススクール（ABS）」を設立し、卒業生6318名、起業・スタートアップ810社、上場企業14社を誕生させてきた私に言わせれば、政府主導でスタートアップを増やすという発想自体が理解できない。行政がやるとすれば地方自治体の仕事であり、百歩譲って国が指揮を執るとしても、経済産業省に担当部署を作ってスタートアップをエンカレッジするための資金や場所を用意すればよいと思う。

GX実行推進担当大臣も同様だ。2050年までに温室効果ガスの排出量をゼロにする

「カーボンニュートラル」を実現するため、官民連携でGXを推進する役割を担うというが、脱炭素は全世界の課題であり、すべての企業においてGXは避けることができない経営アジェンダになっており、容易に解決できる問題ではない。にもかかわらず、任命されたばかりの萩生田光一前経済産業大臣はわずか2週間で自民党政調会長に〝異動〟し、西村康稔元経済再生担当大臣に交代する始末だ。

　また、スタートアップ担当大臣を「経済再生」担当大臣が兼務しているのも疑問である。スタートアップは経産省の管轄だから、経産大臣がやるべきだと思う。一方、経産大臣が兼務しているGX実行推進担当大臣は、産業より脱炭素を最優先できる環境大臣が本来業務としてやるのが筋だろう。

※GX（グリーントランスフォーメーション）／温室効果ガス排出につながる化石燃料などの使用を再生可能エネルギーや脱炭素ガスに転換し、経済社会システムや産業構造を変革すること

日本政府は〝ダメ組織〟の典型

　そもそも、この手の「担当大臣」の存在意義自体が私には皆目わからない。

　総理大臣を除く国務大臣の数は、内閣法で「定員14人・上限17人」と定められているが、特別法によって増員が可能で、現内閣は「定員16人・上限19人」だ。この人数の中で内閣府に「特命担当大臣」、内閣官房に「担当大臣」が置かれ、各国務大臣が兼務している。

内閣府の「特命担当大臣」は、複数の省庁にまたがる長期的な重要課題に対応し、「防災」「沖縄及び北方対策」「金融」「消費者及び食品安全」「少子化対策」の5つは必置で、他に「経済財政政策」「規制改革」「デジタル改革」「原子力防災」「海洋政策」「宇宙政策」「地方創生」「男女共同参画」「クールジャパン戦略」などが置かれている。

内閣官房の「担当大臣」は、緊急対応すべき政策ごとに首相の判断で任命できる。第2次岸田改造内閣で設置されているのは「スタートアップ」「GX実行推進」「経済再生」「デフレ脱却」「新しい資本主義」「デジタル田園都市国家構想」「経済安全保障」「産業競争力」「行政改革」「国土強靭化」「拉致問題」「領土問題」「新型コロナ対策・健康危機管理」「全世代型社会保障改革」「女性活躍」「こども政策」「孤独・孤立対策」などである。

この多すぎる看板を各大臣に割り振っているから、担当大臣の所管範囲が不分明になっている。たとえば、財務大臣は金融担当とデフレ脱却担当を、経産大臣は産業競争力担当やロシア経済分野協力担当を、デジタル大臣はデジタル改革担当を兼務しているが、もとより各大臣はそれらの業務も所管しているはずであり、屋上屋(おくじょうおく)を架している。

その一方で、経済再生担当大臣が新型コロナ対策・健康危機管理担当や全世代型社会保障改革担当を、国家公安委員長が国土強靭化担当や領土問題担当を兼務しているのは、開いた口がふさがらない。新型コロナ対策や社会保障改革は厚生労働大臣、国土強靭化は国土交通大臣、(外国と係争中の)領土問題は当然、外務大臣が担当すべきである。

とにかく担当大臣は兼務する分野がカオス状態で、何が何だかさっぱりわからない。

なぜ、こんなことになっているのか？　役所が本来やるべき仕事をしていないからである。首相は「こういう政策で新しい看板を立てたい」と思ったら、その分野を所管している役所と協議し、弱い部分があればそこを重点的に強化すればよいのである。役所の側も、足りないところは担当課長を置くなりして強化するので自分たちにやらせてほしい、と言うべきである。それをしていないから担当大臣が濫造(らんぞう)されているのだ。

私は、企業経営に関して「優れた経営者は1つのことだけを言う」「ダメ経営者は次から次へと新しい命令を出して結局、何もできない」と指摘してきた。〝ダメ経営者〟の下では、いくら部署を新設しても企業は成長しないばかりか、従来の部署で働いていた社員がスポイルされてやる気をなくしてしまうのだ。すなわち、今の政府は〝ダメ組織〟の典型なのである。

「第2の波」に浮かんだままの日本

ことほどさように、政治家や役人の組織では、〝機能不全〟が起こるべくして起こっているわけである。それは、この国がいまだに20世紀の工業化社会のロジックで動いていることを意味している。

興味深いのは、アルビン・トフラー氏が『第3の波』の中で解説している工業化社会の特徴である「6つの原則」が、ほぼ今の日本の政府や官庁、一部の企業や学校に、そのまま当てはまっているということだ。

同書での記述をもとに、トフラー氏の言う「6つの原則」の概要をまとめれば、次のようになる。

①**規格化**――製品や部品、作業工程、配送ルート、業務や管理などを統一すること。
②**専門化**――時間と労力の節約のために、工程が分業化され、作業の専門化が進む。
③**同時化**――一部の作業の遅延により工程全体が遅れることがないよう時間厳守に。
④**集中化**――効率重視のため、エネルギーや人口、労働、教育、企業を集中させる。
⑤**極大化**――より大きく、より多く、より長く生産することで高収益と高成長を実現。
⑥**中央集権化**――中央に情報・命令を集約する統治機構によって権力を掌握し、高能率でマネジメントする。

これらの原則が、工場などでの大量生産と市場での大量消費を可能にして、工業化社会＝「第2の波」の全盛期を下支えすることになった。

だが、この6つの原則は、今なお日本の産業界や企業、官庁などに根強く残っているように見える。トフラー氏はこれを半世紀前に指摘して、いずれ「第3の波」に取って代わられるものとしていたにもかかわらず、である。

今や世界は、欧米を中心に「第3の波」を越え、「第4の波」の入り口から前半に達している。日本は、完全に世界の潮流に置いていかれているわけだが、このまま手をこまぬいているわけにはいかない。「第4の波」とはどのようなもので、その波に乗っていくにはどうしたらよいのか。次章から詳しく見ていきたい。

第1章

「第4の波」とは何か

―日本人が早急に知るべき世界の最新潮流―

称賛と凋落の狭間で

戦後日本の高度経済成長の要因を解き明かし、日本的経営を称賛した『ジャパン・アズ・ナンバーワン（JAPAN AS NUMBER ONE）』（エズラ・ヴォーゲル著）が刊行されたのは１９７９（昭和54）年のことである。「アメリカへの教訓（LESSONS FOR AMERICA）」という副題が示すように、アメリカ人が学ぶべき日本人の美徳を分析した同書は、日本でも多くの読者を獲得し、時代を象徴するベストセラーとなった。

だが、日本の絶頂期は長くは続かなかった。１９８５年のプラザ合意以降、急速に円高が進行した結果、日本の輸出産業は非常に弱くなり、同時にお金が日本に滞留。低金利政策も相まって投機が加速し、不動産や株、絵画などあらゆるものが高騰してバブル経済が膨らみ、それが１９９１年に崩壊して一気に日本は衰退・凋落に向かったのだった。当初「失われた10年」と言われた経済の停滞は、さらに20年、30年と続き、もはや数えることも意味をなさなくなるような長期低迷が続いている。

実は、アルビン・トフラー著『第３の波』がアメリカで刊行されたのは、『ジャパン・アズ・ナンバーワン』が出た翌年の１９８０年のことだった。同書で〝予言〟されていたのは、日本の成長を支えていた工業化社会の限界と、来たるべき情報化社会の青写真だった。もし、勤勉さを称賛された日本人が、このトフラー氏の未来予測に真摯（しんし）に学び、「第３の波」にシフトしていれば、その後の歴史は変わっていたかもしれないのだ。

今また新たな「波」を前にして、同じ轍を踏むわけにはいかない。21世紀の新しい経済の構造変化に影響を与えている2大要因は、「第4の波の到来」と「人生100年時代という将来不安」である。まずは、私が考える「第4の波」とはどのようなものかを「向研会」での講演をもとに解説したい。さらに、「第4の波」の到来によって社会のサイバー化が加速する今、なぜ政府の経済政策が効かないのかという点についても考察する。

基調セミナー
〝第4の波〟に向けた国家戦略
——21世紀型経済理論①——

もしトフラーが生きていたら

2022年からの私の研究テーマは、「21世紀の新しい経済学」です。これは、「ボーダレス経済」や「見えない新大陸」、「プラットフォーム戦略」など、経済の最新潮流について様々な提案をしてきた私としては、なぜ日本の経済がうまくいかないのかという問題も含めて、世界は今どういう経済に入ろうとしているのかを考えていく取り組みとなります。

この21世紀の最新の潮流を、私は「第4の波」と呼びたいと思います。これはもちろん、私の友人であったアルビン・トフラーさんが発表した『第3の波』という世界的ベストセラー＝経済理論にちなんでいます。

もう非常に古い話になるんですけれども、実はあのトフラーさんとは、私も世界中でいろいろと講演会なんかに呼ばれた際によく一緒になって、いつの間にかすごく仲良くなりました。

彼がある時、「お前と俺は父母も何も全部違うけれども、全く発想が同じなので、〝two peas in a pod〟だ」と言ってくれました。「two peas in a pod」というのは、空豆みたいなサヤの中に入っている2つの豆は、それぞれ独立しているけれども同じ発想で、日本語では「瓜ふたつ」と訳すこともあるんですけれども、要するに〝似た者同士〟ということですね。

とにかく、そういったことを言っていたので、もし彼が生きていれば、今日申し上げるような「第4の波」について書いたんじゃないのかと勝手に想像いたしまして、私が自分の解釈でこの「第4の波」という新しい考え方を皆さんに提示したいと思います。

「新しい資本主義」は全体主義

「第4の波」という新しい潮流が広がっている中で、なぜ日本の経済がうまくいかないのか、という観点から見た時に、安倍晋三首相と黒田東彦（はるひこ）総裁による「アベクロ」政策の9年間が何の効果も生まない〝地獄〟であったことが明白になりつつあります。

それから、いま岸田首相がいろいろと政策を出していますけども、それらの政策が迷走する理由もよく見えてきます。

図表2 岸田政権が提唱する新しい資本主義による「賃上げ企業優遇策」は、資本主義に対する冒瀆である

岸田政権の「賃上げ企業優遇策」の問題点

物品調達入札における優遇

- 政府調達における賃上げ表明企業の評価を、2022年４月から５～10%引き上げ優遇する。
- 2020年度の政府調達額は約10.7兆円。これに当てはめた場合、全体の40%近い約4.2兆円分が優遇措置の適用対象となる。

- 給料を上げた会社はコストが高くなる。
- 入札は国家プロジェクトであり、コストが高い会社を税金を使って応援するのは矛盾している。
- 公平性を欠いた入札は犯罪であり、これでは新自由主義ではなく国家統制。

賃上げ促進税制

- 賃上げした企業に適用する優遇税制の控除率を、2022年度から大企業向けは最大30%、中小企業向けは40%に引き上げる。
- 現在、大企業向けの控除率は最大20%、中小企業は最大25%となっている。

- 給料は、経営者がどのくらい雇用するのか、いくら払うのかを決める最も神聖なファクター。
- 経営者の雇用と給料に干渉する、これに対して全く批判がない。
- 税金は国のカネ、それを勝手に出して自由主義経済を破壊している。

（出所）日本経済新聞 2021年12月28日付ほか各種報道資料より作成

岸田内閣は「新しい資本主義」というスローガンを掲げて、「賃上げ企業を優遇する」と言うんですけれども、この首相は資本主義が何かということをまずわかっていないと思うんです。

「賃上げをお願いします。ほかにも、社員の教育訓練を重視するなど、政府の要請に従ってくれたら、中小企業の場合には法人税の控除率を最大40％に引き上げてあげます」「大企業の場合には30％に引き上げますよ」――そんな優遇策を続けています（図表２参照）。

しかし、企業が賃上げをする理由は、生産性が改善した場合です。生産性が改善していないのに賃上げをしたら、企業は競争力を失います。法人税を払う以前に、競争力を失うんです。何を考えているのか、開いた口が塞がりません。〝上から目線〟の全体主義国家でないと、こんなことはできません。

それから、もっとすごいのが「賃上げした企業を政府調達の競合入札の時に優遇する」という政策です。これはもう国家による犯罪ですよね。賃上げをした会社というのは、当然ながらコストが高いわけです。その高コスト企業を、皆さんの税金を使ってやる入札において優遇するというのは、自由主義でも資本主義でもなく、全体主義ですね。

こういうことを平気で言ってしまえるところが岸田首相のすごいところだと、私は皮肉を込めて思います。それに対して、マスコミとか経済学者とか官庁エコノミストなどが沈黙していることがまた驚きです。

「ボーダレス経済」が理解できない人々

この「賃上げ問題」の背景には、トランプ前大統領をはじめとする政治家や学者、エコノミストなどが「ボーダレス経済」「グローバル経済」を理解していないことがあります（図表３参照）。

この40年間、世界で何が進んでいたのかというと、ボーダレス経済です。それはどういうことかと言うと資材、それも最も優れたいい材料を調達し、製造は良質で廉価な労働力のあるところで作り、そして優良なマーケットで売るという、世界規模における地球の最適化――このことに世界中の企業が勤しんできたわけです。

この結果、40年間で何が起こったかというと、中国を中心としたサプライチェーン網というのが出来上がりました。これは40年かけて徐々にこうなってきたので、いきなり「これはけしからん」ということでリバース（反対）をかけても難しいんです。

たとえば、トランプ大統領は「ｉＰｈｏｎｅぐらいアメリカで作れ」と言ったんですけれども、彼は一度、四川省の成都にあるフォックスコン（鴻海精密工業）の工場を見たらいいと思います。あそこは１００万人を雇用しているんですね。それで、世界同時に新しいモデルを発売しますが、その国別に電気方式は全部違うし、説明書も全部違う。そういう意味では、アメリカに（工場を）持っていって、ああいうものができるということは、まず考えられません。仮にアメリカでｉＰｈｏｎｅを組み立てても、部品は全部、東南ア

図表3 「賃上げ問題」の背景には、政治家やエコノミストがボーダレス経済やグローバル経済のことを全く理解していないことがある

グローバルサプライチェーンの仕組み

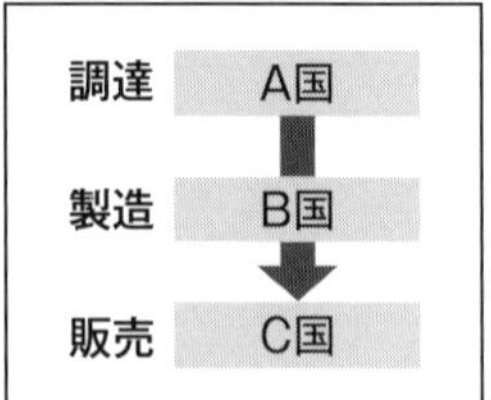

- グローバル化とは、世界最適地で資材を調達し、世界最適地でつくり、世界最適地で売ること。
- 最適地の組み合わせ＝地球を使った収益最大化の方程式。

▼

- 人件費が上昇すると、海外に移転するかアウトソーシングし、その分、国内の雇用を削減する。

世界の貿易動向（2020年）

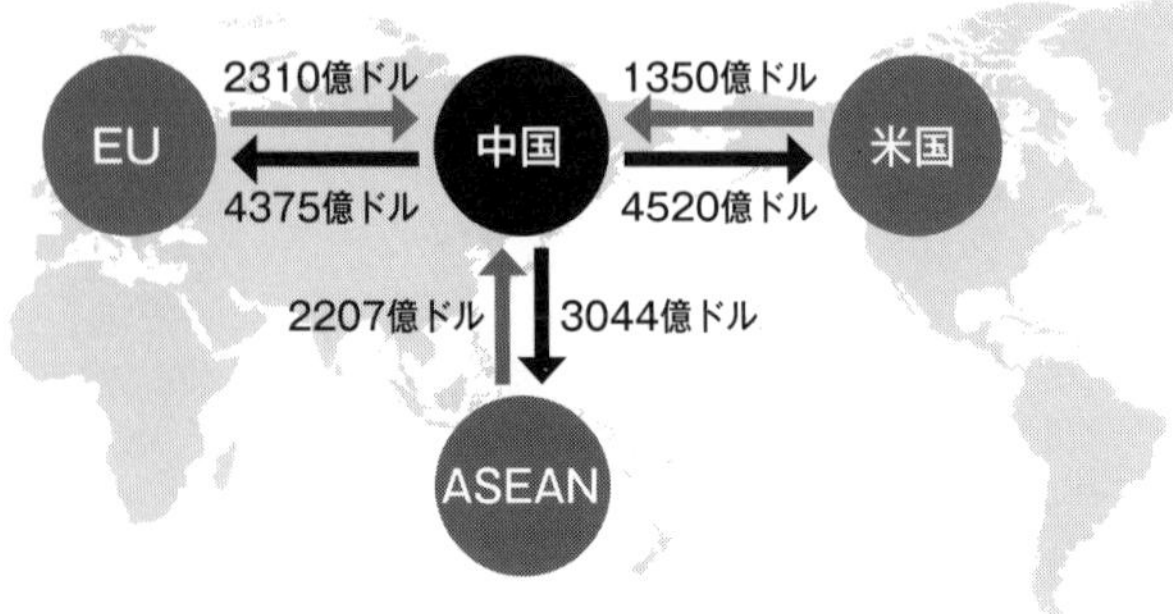

▼

- **中国を中心に構築されたグローバルサプライチェーンは不可分。**
- トランプ前大統領の発言に合わせてサプライチェーンを構築していたところ、次の大統領が違うことを言えば、また体制を再編しなければならなくなり混乱する。
- その結果、アメリカではインフレが起こり、店頭から商品がなくなった。
- 政治家に惑わされずに地球規模の最適化を追い求めないと、企業は長期的には成り立たない。

（出所）JETRO「2021年版 ジェトロ世界貿易投資報告」

図表4 日本の政府は、次々に打ち出す経済政策がことごとく効かない要因を理解し、経済政策の方向性を改めるべきである

なぜ政府の経済政策が効かないのか?

なぜ政府の経済政策(新しい資本主義)**が愚策に終始するのか?**

新しい経済の本質(構造変化:サイバー、ボーダレス)**を理解していない**

- 21世紀型経済の本質を理解していない
- 20世紀型の経済政策に終始している

21世紀型経済の本質・構造変化

「第4の波」の到来

※第1章で検証する

人類社会には、「第4の波（サイバー社会）」が到来しているが、日本は「第2の波」の工業化社会で立ち止まり、規制や教育の遅れのために変化に対応できていない

- ワクチンが開発できない。オンライン診療も進まず、給付金も支給できない。
- 岩盤規制のため、ユニコーン企業が増えない。ミニコーンでは世界に通用しない。
- 今後は、AIでプロフェッショナル・ホワイトカラーの雇用が失われる。
- 解雇規制のためリストラできず、産業の新陳代謝が進まない。
- 工業化社会の学習指導要領に留まり、21世紀型の教育改革が進んでいない。

「人生100年時代」という将来不安

※第2章で検証する

「人生100年時代」という将来不安によって、日本は世界でもまれにみる「低欲望社会」となっており、いくらマネーをジャブジャブにしても経済は好転しない

- 「人生100年時代」といって国民を脅したため、将来不安からお金を使わなくなっている。
- 死ぬ時に貯金額が最高となる高齢者が多い。
- ゼロ金利や異次元の金融緩和を継続しても、低欲望社会は解消しない。
- 低金利マネーは、高利回りの国外に流出する（キャリートレード）。
- 高欲望なアメリカモデルを、低欲望な日本に応用しようとしても効果は期待できない。

ジアと中国から来るようになります。

したがって、トランプは60%の関税をかけたものの、何の効果もなかった。当たり前なんです。このサプライチェーンというのは40年かけて今のところに落ち着いています。そして、中国の広東省だけで、ベトナムよりも大きな人口を持つ就業人口、労働者がいるわけですね。日本に帰ってこいと言っても、いま100人の中卒のブルーカラーを集めるということはできません。日本中のどこを探しても、日本中の中学校を回って、ウチに来てくださいとお願いしても、まず無理です。アメリカもブルーカラー要員を大量に集めることは日本と同じくらい難しい。こういう状況で、アメリカとか日本に戻るということは考えられないのです。そういう国はITとか金融などの新しい経済に動いていかなくてはいけない。こういう従来の製造業の行き着いた先が、ボーダレス経済ということですね。

ですから、結果的に関税をかけたり不得手な国に戻したりするとインフレが起きる。当たり前ですよね、人為的にいわゆる関税をかけて、コストが高くなるということですから、インフレが起こらざるを得ない。

というわけで、なぜ岸田政権が次々に繰り出す経済政策が全く効かないのかという疑問の答えは、図表4のように大きく2つに分けられます。これを踏まえた上で、次の議論に進んでいきます。

人類社会に到来する「第4の波」とは?

先ほど言いましたように、もし、いまアルビン・トフラーさんが生きていたら、おそらく『第４の波』というタイトルの本を書くだろうなと思いまして、「第３の波」の次の波について、これをまず入り口で理解していただきたいと思います。

「『第４の波』とは何か？　大前が勝手に言っているんじゃないか？」と思うかもしれませんが、ちょっと待ってください。今では１つの理論体系になっています。私が書いた『ボーダレス・ワールド』は、世界中の経営者が読んでくれて、今ではトフラーさんの主張と深く関係しているのです（プロローグの図表１参照）。

「第１の波」は農業革命。「第２の波」が産業革命、これはスコットランドから発生して全世界に広がった。日本もちょうどタイミングよく、明治維新の時にイギリスの産業革命の直後だったので、ここに追いつき追い越せとやってきたわけです。

それで、トフラーさんの言うところの「第３の波」。情報革命による脱工業化社会＝ＩＴ社会です。これは、今から数十年前に始まり、とくにパソコンなどのＩＴ機器の普及に伴って、デスクワーカーが急増することになりました。実は今、その「第３の波」の後半に世界中が差しかかっていて、うまくいっているところというのは、今度はデスクワーカーなどを減らして、次の波（＝第４の波）に対して、人を提供しているというところです。必ず波の入り口では人がいっぱい雇用されて、波の後半では雇用した人をクビにする。そして、他の産業を次の波に乗せる、と。これが、いわゆる産業革命のリズムなんですね。

ところが、日本はこの情報革命の「第３の波」の後半に乗れないでいるんです。なぜかというと、デスクワーカーを中心とした間接業務の人員をなかなかクビにできないからです。間接業務というのは、日本の場合には属人的で、かつ今の時代はその業務を自動化するいろいろなツールがあるんですけども、これを使っても余った人を持っていく場所がないということで、日本企業の多くがこの30年間ピタッと生産性が止まってしまったというのは、これが原因なんです。また日本語という言語もＩＴ化の大きな妨げになっている。つまり、「第３の波」の後半でまだ勝負する段階まで行っていない。他の国はそれを越えて、「第４の波」に乗り始めているという状況ですね。

「第４の波」というのは、ＡＩ（人工知能）・スマホ革命によるサイバー革命です。それから、「構想力」と私が呼んでいる「無から有を生む」、そういう発想の人が富を独占するという、こういうものです。

「第１の波」は農業における革命

ここから、それぞれの波をより詳しく説明していきます。

まず、「第１の波」は農業社会です（図表５参照）。ものすごい勢いで農民が増えた国が競争力を持ったわけですね。約１２０年前の西暦１９００年は、世界第５の経済大国はアルゼンチンでした。それが今や〝デフォルト（債務不履行）の国〟になっているわけです。

ところが、後半は逆に、この農業人口の多くを工業化のほうに供給するというフェーズになるんです。日本は、戦争が終わった直後というのは、就業人口のうち農業に従事して

図表5 第1の波：人類社会が〝狩猟社会〟から〝農業社会〟へ移行

第1の波：農業社会

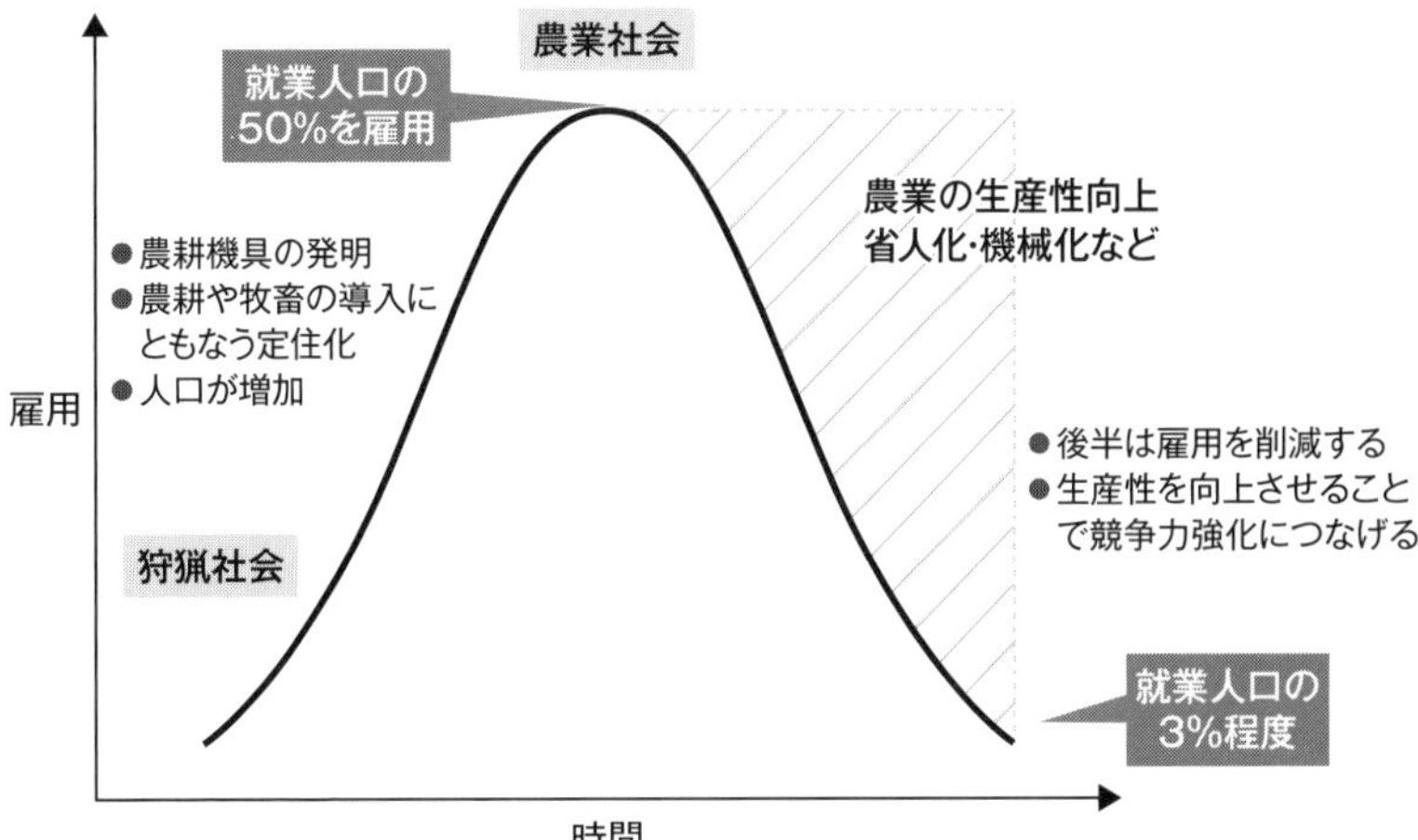

日本の農業就業人口比率の推移

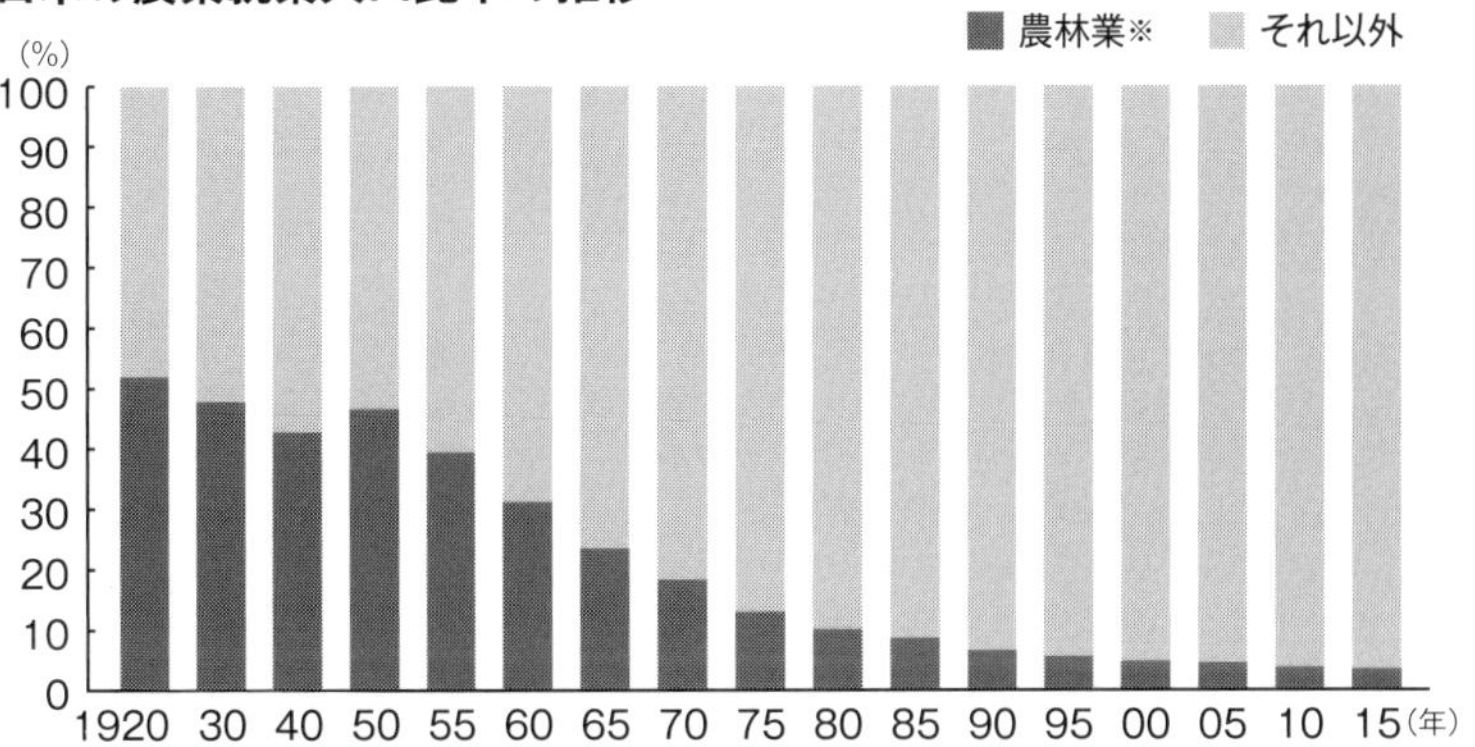

- 日本は終戦直後の農業人口比率50%近くから、現在の3%台へ
- アメリカもかつては農業人口が多く、大量の農産物を世界に輸出するようになったが、2019年の就業人口比率は1.3%程度

(出所)内閣府「国勢調査」　※1995年から農業と林業の区分が統合

いた人が50％いたんです。それが、今は3・5％です。アメリカは今、1・3％です。世界一の農業大国アメリカは1・3％の就業人口でこれを維持しているわけです。なぜそれが可能なのか？

当初は、多くの人手を動員する労働集約型の作業で競争力を引き上げていました。その後は、農作業の大規模化・自動化によって大規模農業に移行して、オランダのような非常にクレバーなやり方を実現していきます。オランダは日本の九州ぐらいの面積しかないのに、世界第2の農産物の輸出大国になっています。それは、農協の合併・統合が進み、生き残った農協が非常に強力で、世界に対する輸出競争力を持つことになったんです。

いずれにしても、農業社会の前半から後半へシフトした時に、ここ（農業）でもって余った人たちが次の波＝工業化社会に入っていきます。

「第2の波」は工業化

この工業化社会の前半は、図表6の左側にあるように、イギリスの産業革命では工場や鉱山、日本で言えば官営富岡製糸場などに大量に人を集めたわけですが、後半は図表右側のように、半導体工場にしても自動車工場にしても、人がほとんどいないんです。

つまり、前半で重要になったのは、工業化のために多くの労働力を入れることです。地方から大都市近郊の工業地帯に集団就職させました。日本は、炭鉱を世界で一番早く閉めたのですが、当時は通商産業省（現在の経済産業省）が非常に強かったので、一気にこれ

図表6 第2の波：人類社会が〝農業社会〟から〝工業化社会〟へ移行

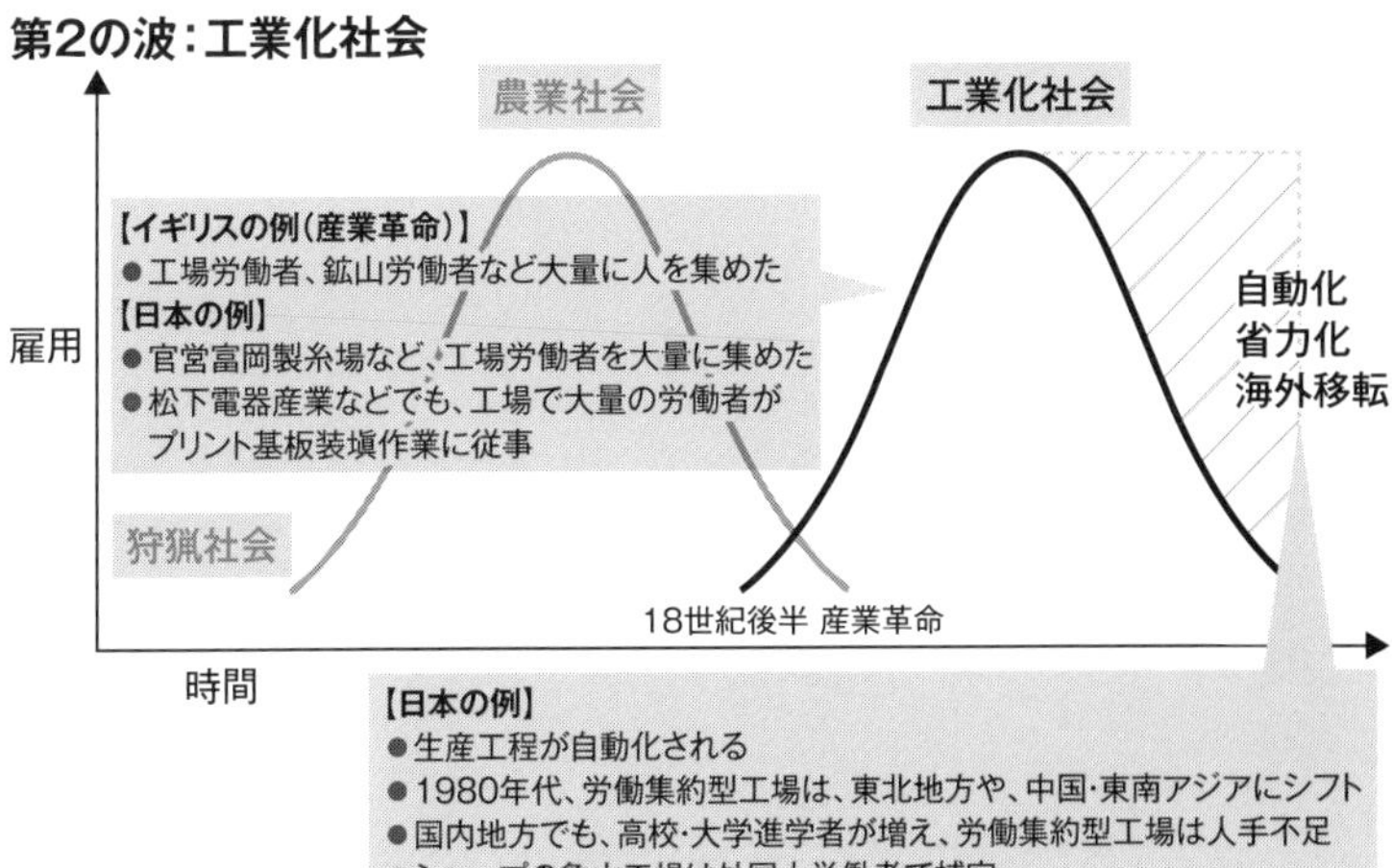

をやりました。今は、台湾でもドイツでもアメリカでも、炭鉱を閉められずに苦労しています。

一方、日本で開いている炭鉱はなくなった。まあ、ユネスコ世界遺産ぐらいにはなっていますけど。そして、炭鉱労働者が工場労働者になったり、トラックの運転手になったりしたわけです。しかし、「第２の波」の後半では、ブルーカラーがやっていた作業が自動化されました。

「第3の波」で一気にIT化

そして、工業の労働力をサービス業・ホワイトカラー業務が吸収しながら、次のＩＴ社会へと移行していきます（図表７参照）。

これが情報革命による「第３の波」ということで、シンガポールは１９９２年に国家コンピューター庁（ＮＣＢ）というものを作りまして、２０００年までに世界一のＩＴ大国になるということを宣言しました。これを１９９７年に完成させ、後にこの官営組織は民営化して、世界中の遅れている国家のＩＴ化を助ける企業になっています。

さらに、このＩＴ社会の後半というのは、間接業務の自動化とか、ビジネスプロセスアウトソーシング（ＢＰＯ）とか、オフショアリング（業務の海外移転）とか、こういうものが実施されます。また、業務の標準化やジョブ型雇用の導入、ＩＴ活用による生産性の向上、それに合わせて給料が上がる――という好循環が生まれます。

ということで、情報革命による「第３の波」の入り口では、コールセンターと

図表7 第3の波：人類社会が〝工業化社会〟から〝IT社会〟へ移行

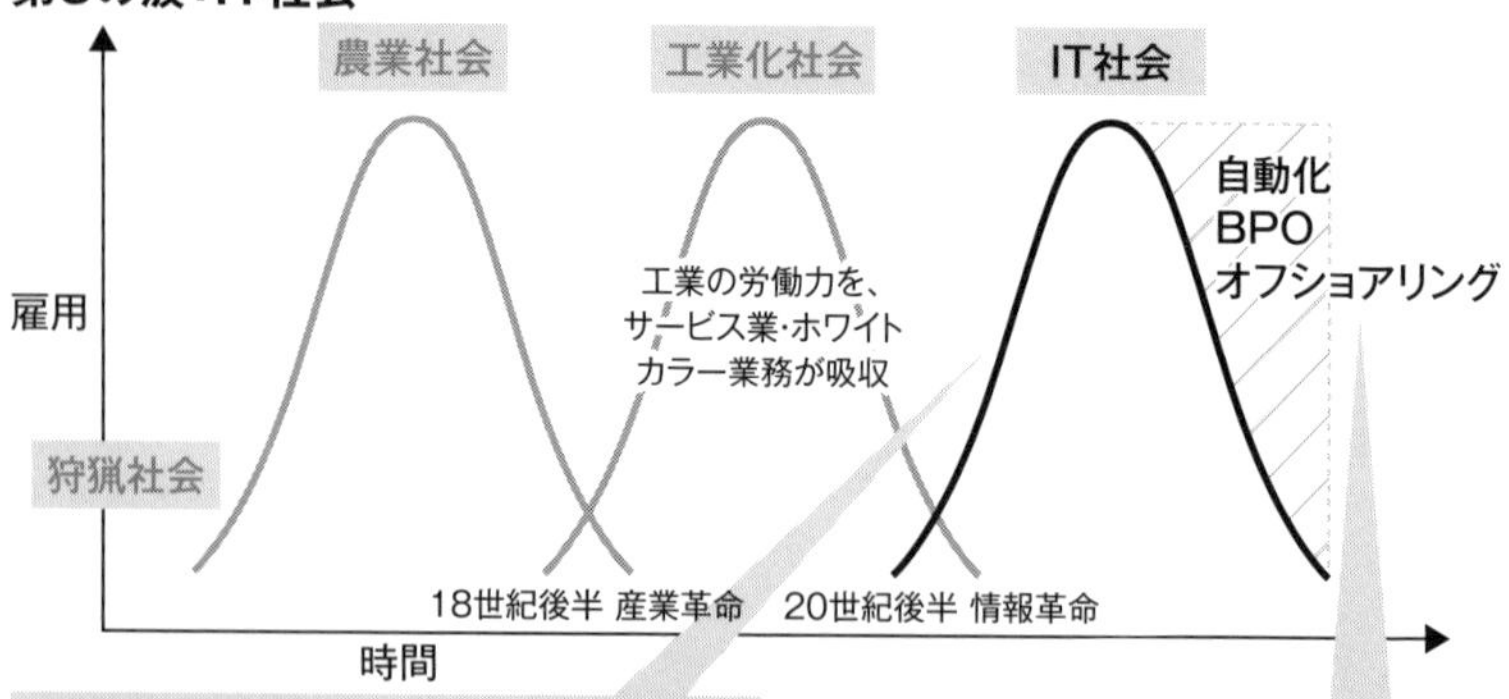

かデータ入力とか、そういうところで大量の人が雇われましたが、後半では、その人たちを標準化して、ほとんどRPA（ロボティック・プロセス・オートメーション＝ロボットによる業務自動化）のようなものによって置き換えていくことになります。

今はそういったことを可能にするツールが山のようにありますが、日本企業の場合は間接業務が属人化しているので、これがなかなか使えません。こうしたツールを使って人が要らなくなっても、ほかに持っていけないということで、いわゆるドイツの「アジェンダ2010」というようなものが、いまだに日本はできないでいるという状況です。

2025年までに減る仕事・増える仕事

それがどのくらいすごい現象かというと、図表8の左側に、2025年までに減る仕事が書いてあります。8500万人分です。そして右側には2025年までに増える仕事が9700万人分。つまり、ジョブは増えているんです。これからも増えるんです。

だけど、職種が全然違う。データ・アナリストやデータ・サイエンティスト。日本はどこを探してもこういう人があんまりいないんですね。学校でもこういう人を養成してくれていない。デジタルマーケティングとかプロセスオートメーションとか、こういうふうなところで、これから山のように必要な人というのはわかっています。ここにいる経営者の皆さんも、そういう人がほしいと思うでしょう。しかしながら、これらの人材というのを、日本の場合は手当て（育成）してきていないんです。

雇用について重要なのは、それに先行する教育が必要だということです。この教育は、雇用が発生する20年前に始めていないと駄目と、こういうことなんですね。

２０２１年４月から施行されている中教審（中央教育審議会）の答申ですと、日本の高校生は１００年前と同じ工業化社会のための教育を踏襲し、少しだけ手直ししたもので学んでいますので、今から20年後というと、いま15歳前後の生徒たちが35歳から40歳になる頃、社会で活躍する時に活躍できる能力やスキルを持っていない、ということになります。世界の中へ出かけていったらイチコロだと、こういう恐ろしい状況が発生しています。

それから、日本の場合も具体的に言いますと、図表９にあるように、需給バランスというのが非常に悪く、過剰になる人材（グラフの上のほうに書いた「事務」や「生産・輸送・建設」など）から、不足する人材（専門技術など）にシフトするのが政府の役割なんです。このシフトをスムーズにする。それを20年前に予見して、教育するのが文部科学省の役割なんです。その教育改革がなされていなかったら、その後の人材確保ができないんです。そして、産業競争力を失って、国家の世界的な地位が落ちる、ということになります。

韓国にも追い越された日本

その結果として、見事なまでに日本の労働生産性は上がっていません（図表10参照）。したがって、給料が上がらない、年収が上がらない、収入が30年間フラットという珍しい

図表8 デジタル化により、2025年までに世界で事務職など8500万人分の雇用が失われると予想されている

デジタル化に伴う世界の雇用増減予測（2020-25年）

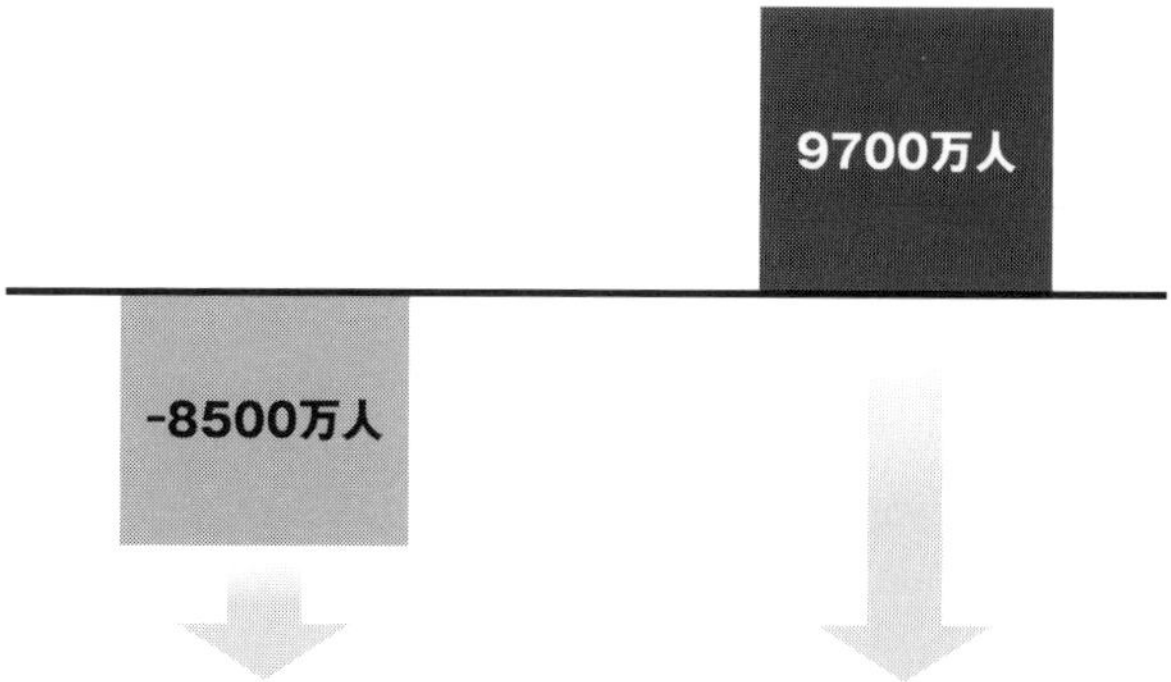

2025年までに減る仕事1～10位

ランク	職業・職種
1	データ入力
2	役員秘書
3	経理、簿記、給与係
4	会計監査人、会計士
5	組み立て工場従事者
6	事業所サービス・管理業務マネジャー
7	顧客情報・カスタマーサービス
8	ゼネラルマネジャー、オペレーションマネジャー
9	機械修理
10	資材記録係、在庫管理係

2025年までに増える仕事1～10位

ランク	職業・職種
1	データアナリスト・データサイエンティスト
2	AI・機械学習スペシャリスト
3	ビッグデータスペシャリスト
4	デジタルマーケティング&戦略スペシャリスト
5	プロセスオートメーションスペシャリスト
6	事業開発スペシャリスト
7	デジタルトランスフォーメーションスペシャリスト
8	情報セキュリティアナリスト
9	ソフトウェア&アプリケーション開発者
10	IoTスペシャリスト

（出所）World Economic Forum "The Future of Jobs Report 2020"

国になりました。ヨーロッパでさえも伸びているということですよね。こういう状況です。

皆さん、ここで絶対に認めたくないことがあります。韓国です。韓国が、労働生産性でも平均年収でも日本を上回ったんです。そもそも、15年前にシンガポールに抜かれているんですが、これもあまり認めたくない。

ですから、かつてはアメリカに追いつけ追い越せ、なんてやってきて、それは工業化社会では猛追したわけですけれども、１９８５年のプラザ合意で叩かれ、円高のほうに追われて、終わってしまいました。工業化社会のチャンピオン日本はオジャンとなったわけです。

この図を見たらわかりますよね？　こういう国は、実は珍しいんです。韓国で

図表9　日本でも、今後デジタル化・IT化が加速すれば、事務職・ホワイトカラーが余剰人員となる見通し

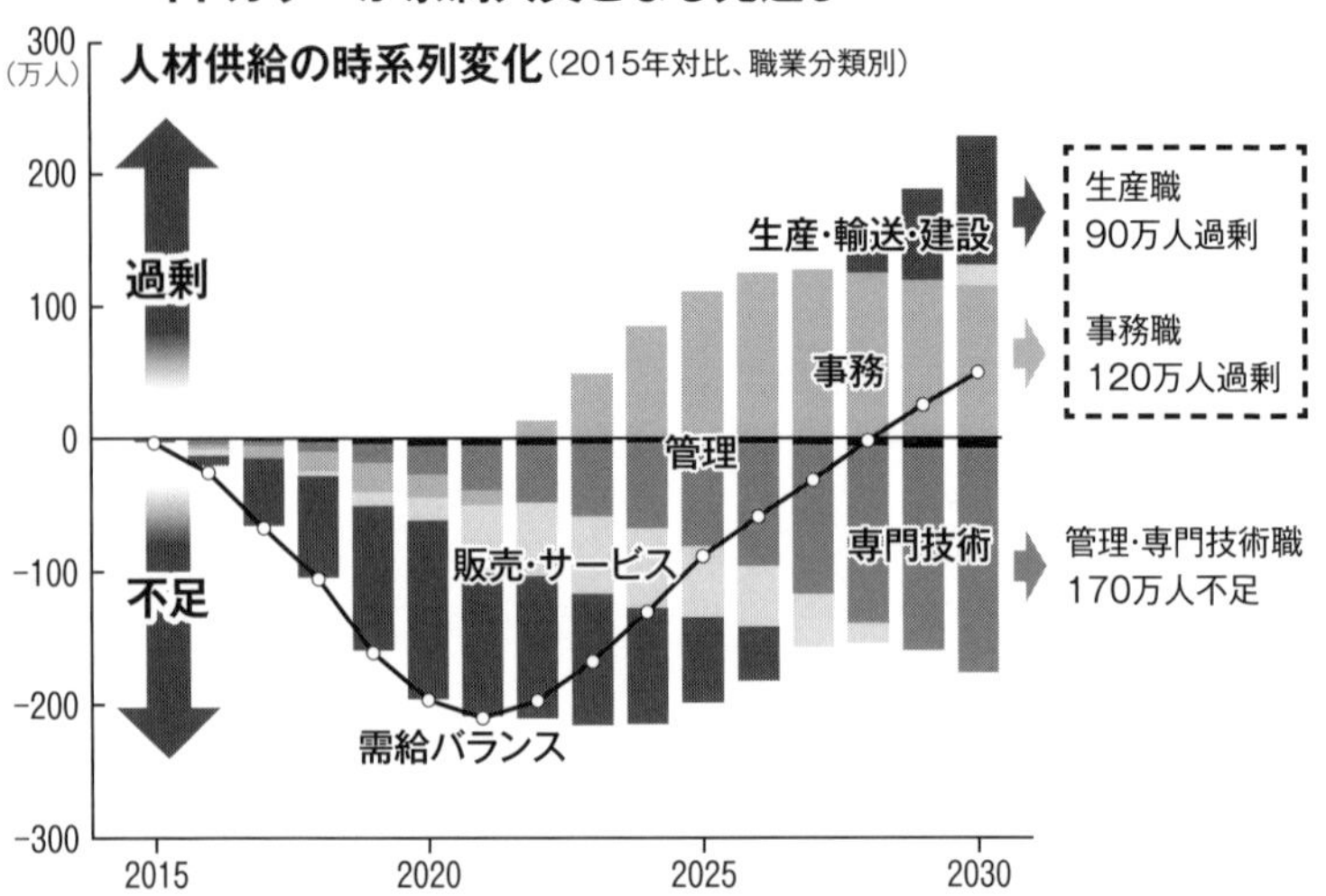

（注）2015年を起点に2030年までの労働需給を推計（三菱総合研究所調べ）
（出所）日本経済新聞、三菱総合研究所

図表10 第3の波（IT社会）後半では、日本は間接業務の標準化・自動化が遅れたため、労働生産性が向上せず給料も上がらない

労働生産性（雇用者1人あたり、PPP）＊

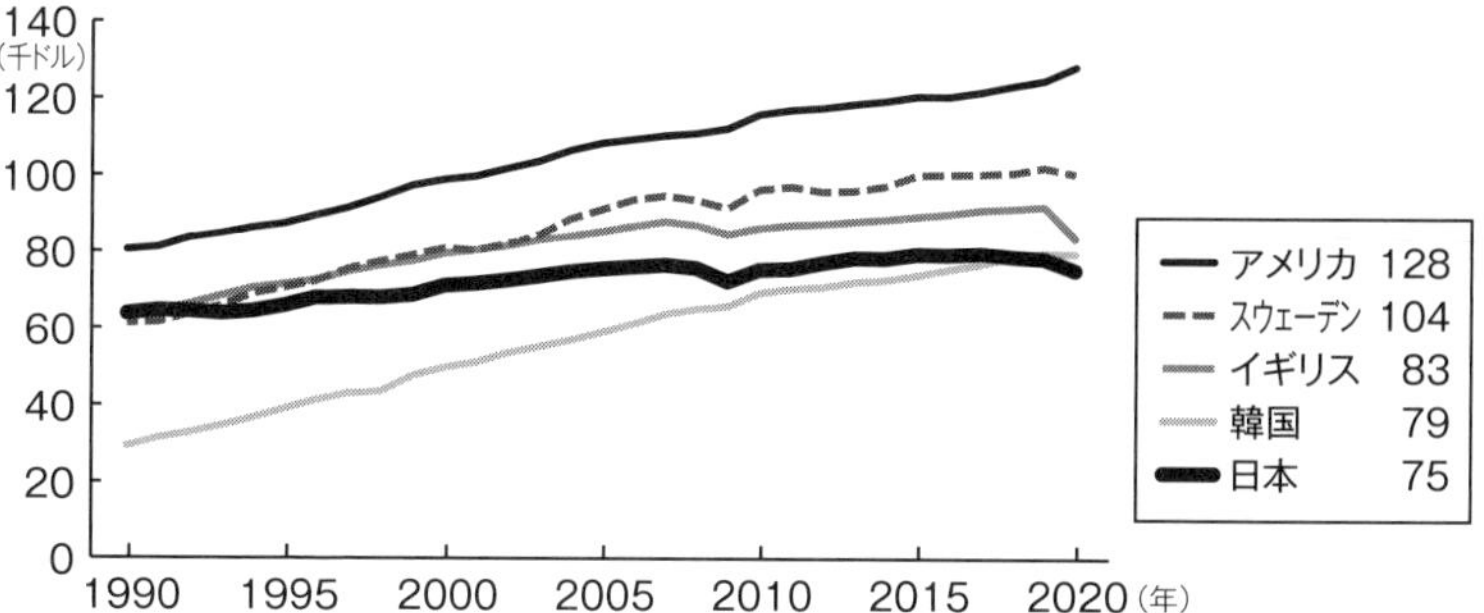

OECD主要国の平均年収（PPP）＊＊

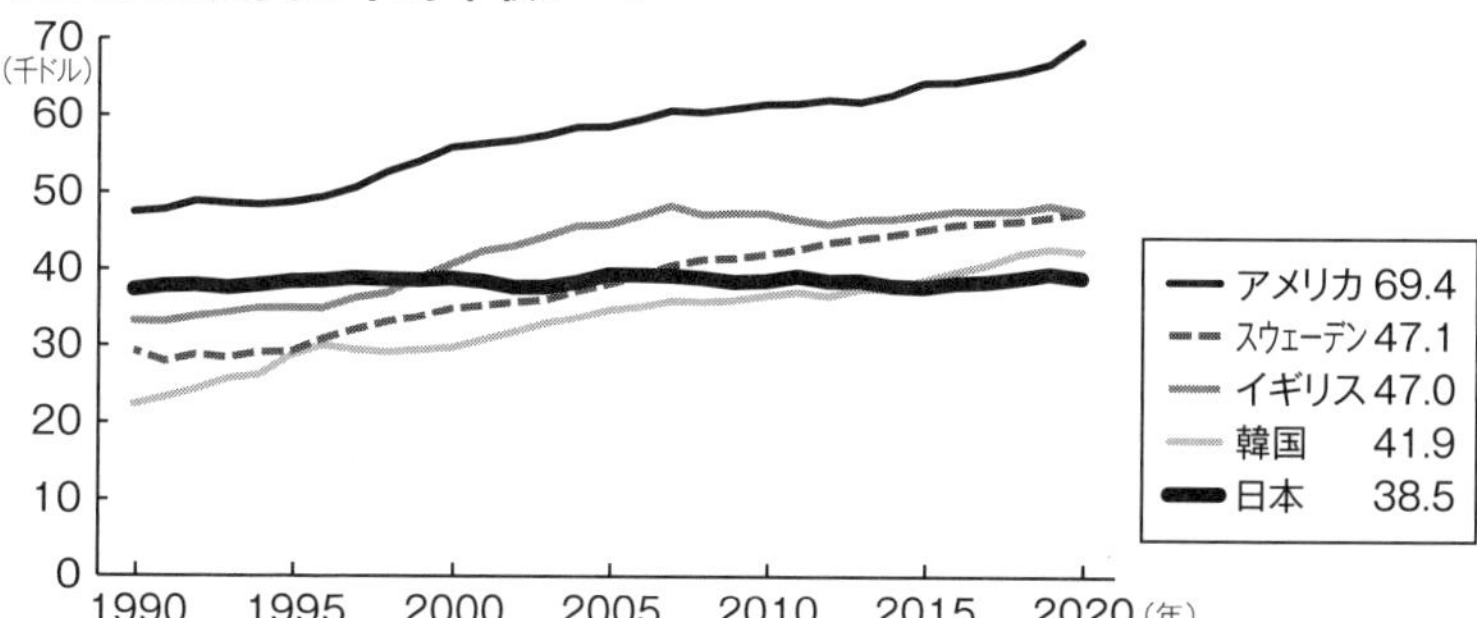

日本は、第3の波（IT社会）の後半で、労働生産性が向上していないため、雇用削減に向かっていない。そのため、新たな社会の入り口に立つこともできず、年収も上がらない

＊GDP per hour worked、＊＊購買力平価（2020年基準）
（出所）OECD

さえも、労働生産性を改善し、世界化を達成してきている。こういう状況ですね。

日本はこんな状況で、労働生産性が上がっていないのに、人為的に「あなたの会社で給料を3%上げてくれたら、税金をまけてやる」というのは、国家による犯罪だと私は思います。生産性を上げるための対策を取るように促すのが国家の本来の仕事ということですね。

あるいは、ドイツのシュレーダー首相（当時）みたいに、企業が抱えきれなくなった人材はすべて国が引き受けるから、解雇もやむを得ない。そして、それらの人材を再教育して、もう1回労働市場に戻す。こういうことをやるのが国の仕事だという「アジェンダ2010」。ドイツは2003年からそうした取り組みをやったわけです。こういうことをやらずに、ただ上から民間企業に対して賃金を上げろと言っているのが今の岸田政権です。

雇用拡大する一方で「無人化」も推進

時あたかも、世界はサイバー社会に移行中です。その入り口では、サイバー社会が労働を吸収します。これは、たとえばアマゾンとかウーバーを見るとわかりますが、基本的にアマゾンの倉庫、あるいはウーバー、それからアップルなどの工場なんかでは、まだまだ大量に人を雇っています。とりわけウーバーの場合は、運転手とかウーバーイーツとかの配達員として、ものすごい雇用を作っています。

このサイバー社会「第4の波」の本格的なピークは、2035年から45年と言われてい

図表11 **第4の波：人類社会が〝IT社会〟から〝サイバー社会〟へ移行**

第4の波：サイバー社会

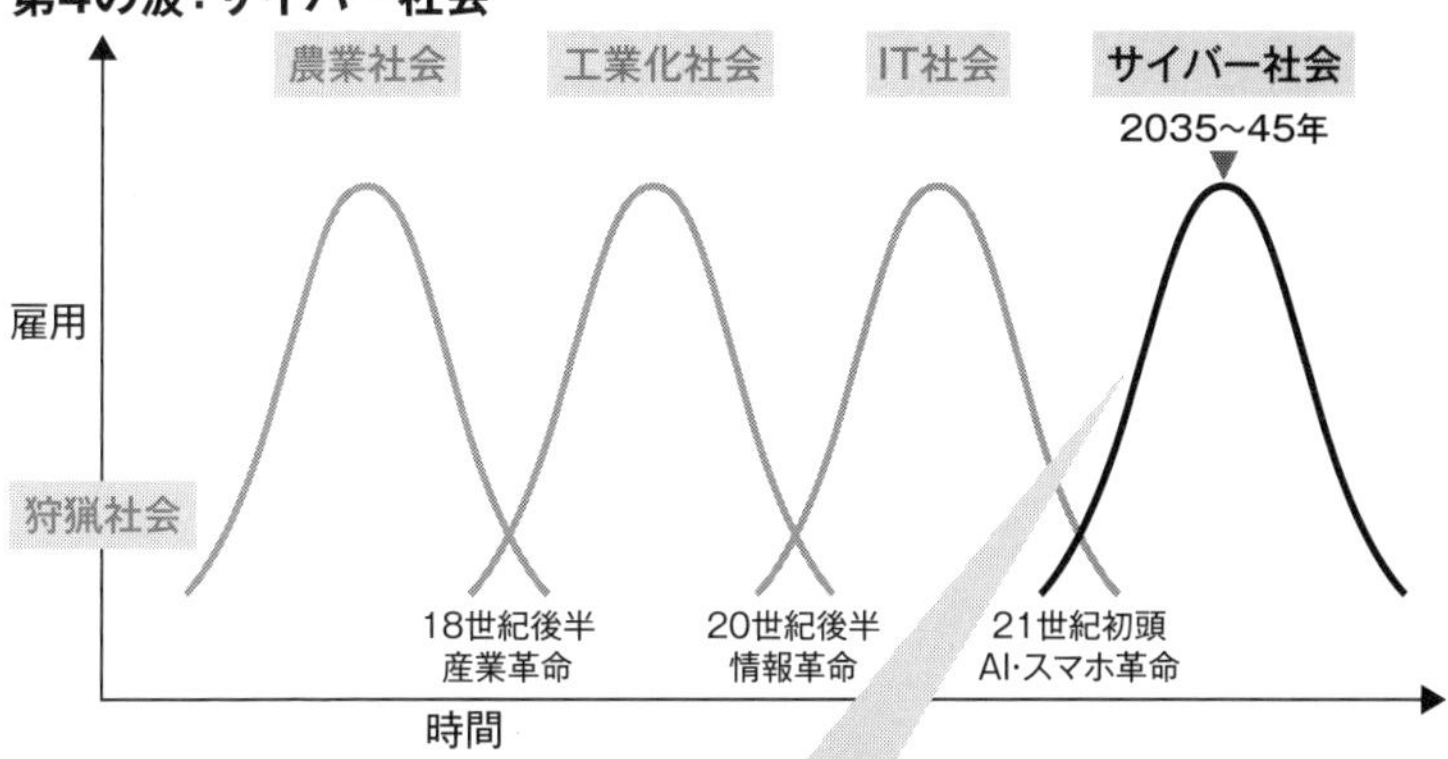

●アマゾンやウーバーが雇用を創出
●ヤフーは2023年度までに全社員約8000人を再教育し、業務でAIを活用できるようにする。
●ソニーグループは国内の社員約4万人を対象とした独自のAIリテラシー研修を導入。

国内フリーランス人口の推移

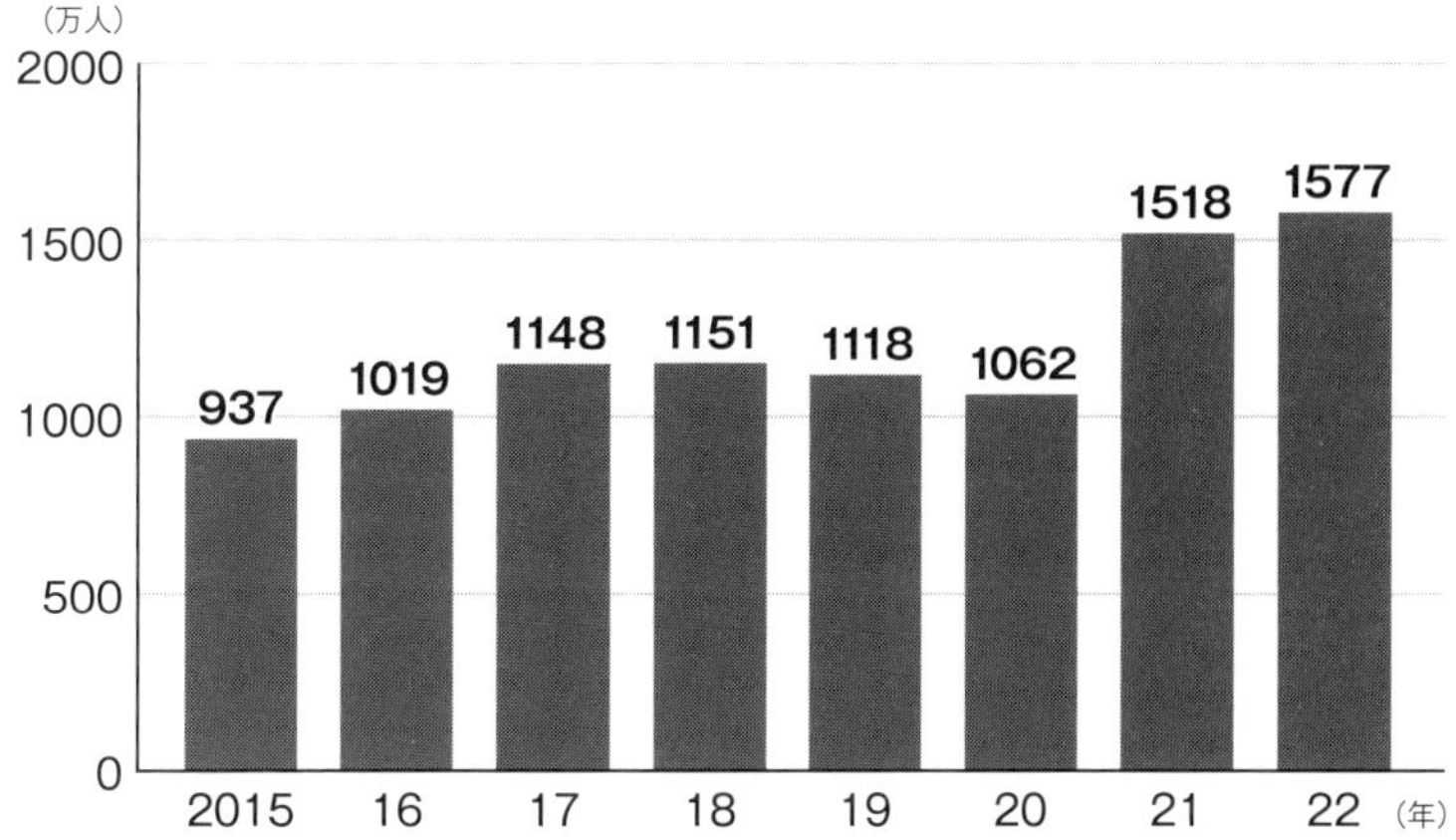

（出所）ランサーズ「新·フリーランス実態調査 2021-2022年版」

ます（図表11参照）。そこから先は、そういう人も削っていく。こういう時代になるだろうと思います。

この「第4の波」の入り口というのは、アメリカでも人手が足りないアマゾンの倉庫作業とかウーバーイーツ、ドアダッシュ……こういったところで雇用を拡大しています。

しかし、ウーバーというのは、長い目で見ると自己矛盾、背徳的行為をやっています。というのは、今は鉦（かね）や太鼓でもって運転手を集めていますが、絶対に社員にしない。国によっては、社員にしろと言われて、その国から撤退しています。なぜかというと、彼らが今、最も金を使っているのは「自動運転レベル5」だからです。レベル5になると、運転手が要らなくなるんです。だから、正規雇用にしたくないと、こういうある意味、背徳的なものですよ。でも、産業の流れから言うと、しょうがないんですね。こういうことに力を入れていて、アマゾンも倉庫内の作業はほとんど無人でできるように、今いろいろと投資をしています。

それから、その一方で、日本でも家で仕事をするフリーランスが非常に増えていますね（図表11参照）。サイバー社会というのはこういうものですが、ここに来て、起業＝新しく生まれる会社がガラッと変わってきました。次はそれを見ていきましょう。

ユニコーン企業ランキングを読む

図表12のユニコーン企業ランキングを見ると、アメリカが世界一です。上場した場合に

図表12 ユニコーン企業の上位はアメリカと中国が席捲しているが、インドやイギリスが「IT人材と規制撤廃」により上位に来ている

ユニコーン企業ランキング（2022年10月時点）

順位	国・地域名	企業数
1	アメリカ	651
2	中国	172
3	**インド**	**70**
4	**イギリス**	**49**
5	ドイツ	29
6	フランス	25
7	イスラエル	23
8	カナダ	20
9	ブラジル	16
10	韓国	15
11	シンガポール	14
12	メキシコ	8
12	オーストラリア	8
14	インドネシア	7
14	スウェーデン	7
14	オランダ	7
14	香港	7
18	アイルランド	6
18	スイス	6
18	**日本**	**6**

（出所）CBInsights

時価総額が10億ドル（約1300億円）を超える企業が651社あります。2位が中国。これは今、習近平が抑え込んでいるので、少しスローダウンしていますが、堂々の2位です。

皆さん、3位はインドって知っていました？ たぶん知らなかったと思うんです。これは新しい現象なんです。4位がイギリスって知っていました？ 〝老大国〟だったんですが、急にここに出てきているというわけです。

それで、1989年に世界第2の工業大国になった日本はどこかというと18位で、アイルランド、スイスと並んでいます。なぜこんなことになったのか？ 「第4の波」の入り口で、すでに失速・停滞しているからですね。

インドが3位になった理由を探ってい

くと、そのうちアメリカのドナルド・トランプ前大統領の銅像がインドのそこら中に建つと思います。トランプ氏がＨ－１Ｂビザ（ＩＴエンジニアや技術者たちに与える就労ビザ）の発行をやめたんです。インドＩＴ企業大手インフォシスの第２代会長であるナンダン・ニレカニ氏が私に言っていました。ビザが下りないので、我が社だけで２万５０００人をアメリカからインドに戻さないといけない。全体では10万人以上で、これはもう大変なことなんだ、と。それだけではありません。25もあるインド工科大学（ＩＩＴ）の卒業生がアメリカに行けなくなったというんです。

その結果、何が起こったか？　年収１５００万円ぐらいのレベルのインド出身ＩＴエンジニアたちがアメリカに行けなくなって何をやったかというと、母国インドで起業し始めたんです。それで、あっという間にこれですよ。70社がユニコーン企業になってしまったというわけです。日本は逆立ちしてもこういうのが出てこないんですけど、インドがそうなったのは力のあるＩＴ技術者がいるからなんです。このレベルのエンジニアというのは、世界のどこにいても起業できるんです。したがって、アメリカのベンチャーキャピタル――ベンチマークとか、セコイアとか――ああいうものが一斉にインドに投資するようになった。これが原因です。

イギリスの場合には、デビッド・キャメロン――評判の悪いブレグジットの投票をやって、今は国民の敵と言われている――元首相が、イギリスの問題は銀行が４つしかなくて独占していることだ、これを潰せということで、銀行破壊法というのを作ったわけです。

まあ、アプリケーションを開示しろということなんですけども、結果、フィンテック関係でものすごくたくさんの企業が生まれたんですね。これがモンゾ（Monzo）とか、トランスファーワイズ（TransferWise／現在はワイズ）とか、そういった企業なんですけども、ロンドンの新しい金融センターであるカナリー・ワーフを中心として多くの新興企業が出てきています。

日本は、そういう規制破壊もないし、インドのようなレベルの高いエンジニアもいない。アメリカで修業してきたような技術者もいない。10万人が戻ってくるなんて、そういうこともないということで、結局、見よう見まねで起業している。勢いもないし、世界的な競争力もない。だから、「第4の波」の入り口に立てるような資質をもった人材もほとんどいない、というのが日本の問題です。

規制・法制度がビジネスの弊害に

日本が「第4の波」の入り口にも立てていないということですけども、どういうことかというと、たとえば建築基準法1つとっても、今どき紙の建築図面を風呂敷でもって役所に持ち込む国なんかないですよ。CAD（キャド）（コンピューター設計支援）で設計して、それを電子データで入力したら、それが法的にOKかどうかは、数分間で答えが出るわけです。

ところが先日、私の友人が北海道でそれを作って役所にデータで持ち込んだところ、担当の役人から「俺たちの役割は何になるんだ？」と怒られて、紙の図面で出し直すように言われたそうです。さらに、２００５年に起きたマンションの構造計算書偽造事件の余波で、きちんと設計されている図面であっても第三者による検査・確認が必要で、そのために従来より1か月半ほど余計にかかったと言っていました。シンガポールでは数分でできるものが、日本では45日もかかる。ＣＡＤとＣＡＭ（コンピューター支援製造）をつなげればそれで済む話なのに、それができないんです。しかも、シンガポールのこのシステムを作ったのは日本の会社なんです。自分の国でこれができないというところが、この国の役所の素晴らしいところですね。

ほかにもあります（図表13参照）。生体認証のないマイナンバーシステム。そんな旧式のシステムでも、カードを作ってくれたら国がポイントでお金をあげます、と言うんです。だけど、生体認証でセキュリティを強化して、使い勝手のいいシステムを作れば、お金で釣らなくてもみんなが使いたくなります。少なくとも、世界中でデジタル化している国はそうやっています。

医療もそうです。間接業務もそうです。労働者保護、解雇規制、そしてタクシー・物流。あるいはドローンなんかもそうで、まだ規制の範囲がよくわかりません。

というわけで、数々の規制が残っていて、「第４の波」に関連する新しい事業がなかなか始められないという状況が続いています。

図表13 日本は、規制・法制度がボトルネックとなっているため、第4の波(サイバー社会)の入り口にも立てていない

法規制・既得権等が弊害となっている例

法規制	具体事例
建築基準法	●東西に長い日本で全国一律の法律しかない。また各種申請も電子化されていない。 ●シンガポールは電子化されている。CADで申請後に数分で認可が下りる。システムは東芝が構築している。
生体認証	●マイナンバーはパスワード方式で、コンビニで再設定が可能。インドの顔認証はNECが構築している。
医療	●遠隔医療、AI診断に日本医師会が反対している。 ●医薬品のインターネット販売は規制。
間接業務、経費精算	●ハンコ必要、納税証明の領収書を糊で貼らなくてはいけない等、細かい仕様で海外では展開できないものが多い。
労働者保護・解雇規制	●労働基準法、労働契約法など各種の解雇制限が課されている。 ●生産性の低い企業を、雇用維持の名目でゾンビ企業化させることになる。
タクシー・物流	●貨物運送、運転手によるサービス等の規制。
ドローン	●航空法、道路交通法などによる規制。

(出所) BBT大学総合研究所

図表14 〝第4の波〟のピークは、2035~2045年ごろに来るものと想定される

第4の波:サイバー社会

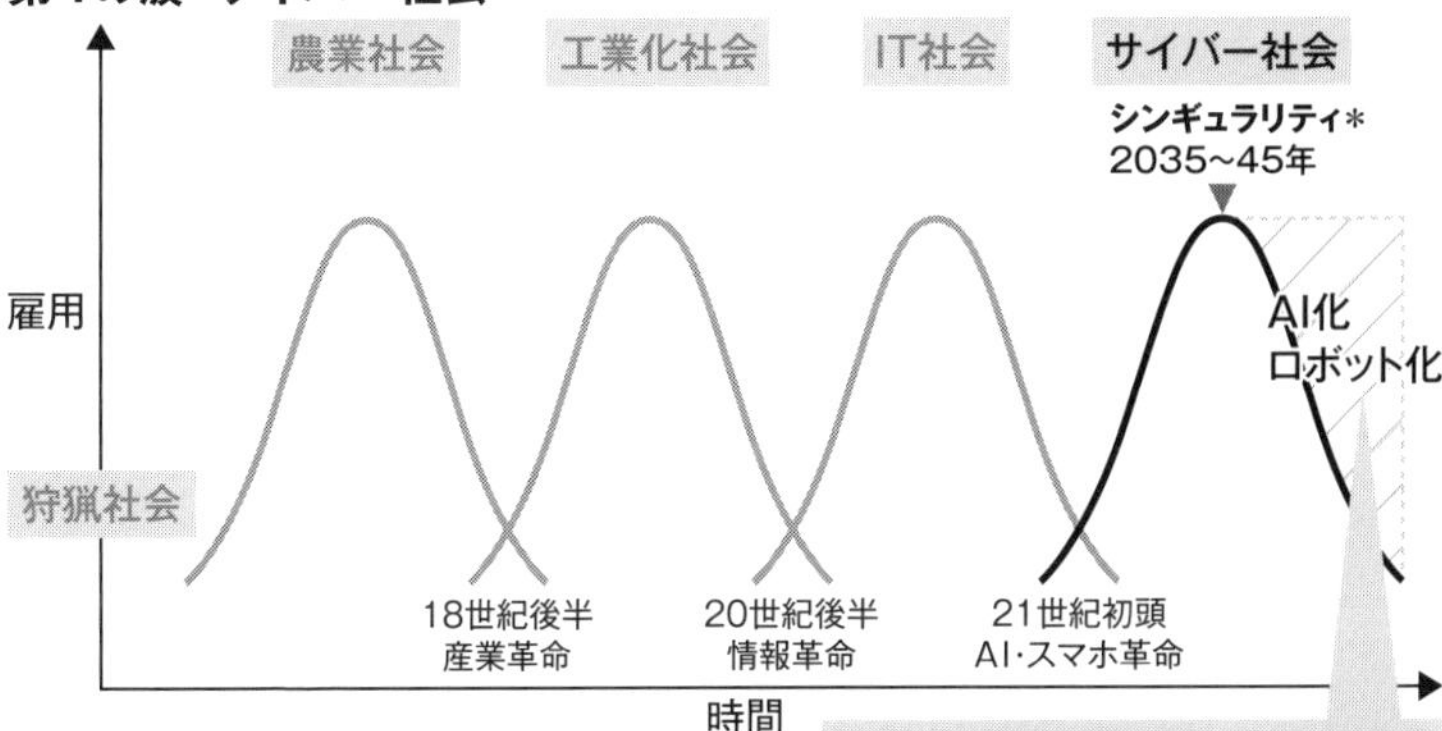

*未来学者であるレイ・カーツワイル氏が2005年に提唱した概念。「人工知能(AI)」が人類の知能を超える転換点(技術的特異点)または、それにより人間の生活に大きな変化が起こるという概念のこと。

(出所) BBT大学総合研究所

「第4の波」における雇用の未来

したがって、「第4の波」の入り口に立つためには、一時期の中国のように、新事業にほとんど規制がかからない環境を整備する必要があります。インドは今、規制がないんです。今後出てくるかもしれませんが、今はないから、あのように栄えているわけです。

ですから、この「第4の波」＝サイバー社会に入り込むというのは極めて重要なことですが、規制だらけでいまだに工業化社会を守ろうとしている日本の場合は、これができないんです。

この雇用のことを考えますと、たとえばヤフーというのは、全社員約８０００人を再教育して、ＡＩ技術者にすると言っています。ソニーの場合は、４万人を対象にＡＩリテラシー研修をすることに金を使うと言っています。企業としてそちらの方向に舵を切らなくてはならないという判断は、ある意味当たり前ですよね。

そして、ここでシンギュラリティという概念が登場します。あと20年後ぐらいに来るのではないかと言われていますが、確かではありません。これは２００５年に未来学者のレイ・カーツワイル氏が、コンピューターの能力は日進月歩して、睡眠を必要とする人間に対して、眠らないで働き続けるコンピューター・ＡＩの能力がいずれ人間の能力を超える時が来る、それをシンギュラリティと呼んで、技術的特異点としたんですね。

ですから、第４の波の後半というのは、先ほど言ったウーバーの運転手などが自動運転車の登場で全部レイオフされると思うんですけれども、もう1つ大きな問題があります。

それは、その鉱山というか鉱脈を掘り当てた人がものすごい富を独占するということです。この富を独占する人に、どうやって世界規模で公平に課税するか。そして、そこでもって仕事がない、あるいはエッセンシャルワーカーのような社会が必要としている人たちに、どうやって富を分配するのかという問題の解決が、後半に備えて今、必要になってきています。これが政治の最も大切な仕事です。しかし、今の日本は政治家も役人も「第2の波」の工業化社会の雇用を死守するのが自分たちの仕事だと思っています。

今後〝消滅する職業〟

将来的には、運転手や配達要員が要らなくなる。また、倉庫の自動化によって作業員も不要になります。あるいは、運転免許がなくなるので、教習所も要らなくなる。スピード違反がなくなるので、交通取り締まりのお巡りさんも、パトカーも白バイも不要になります。

私自身、75歳を過ぎてから、運転免許の更新の際はいつも「認知機能検査」をやらされています。でも、それもやらなくて済みます。運転は自動になりますからね。ちょっと私の世代では間に合わないかなという気もしますが、早く自動運転「レベル5」まで実現してほしいと思います。それから、そうなるとカーシェアなども普及するので、自動車の営業マンや修理工、保険も要らなくなると予想されます（図表15参照）。

ここまでは、自動運転やロボット化の話の中で、よく知られていることです。でも、それだけではありません。

教師が要らなくなります。とくに日本のように文科省の指導要領どおりに教えなきゃいけないというところは、先生が1人いればいいことになります。テレビによく出ている林修先生のような講師に授業をしてもらって、その動画を生徒たちが見て勉強します。クラスの先生たちは生徒たちをサポートしながら、補講をする、進路指導をする、心理相談に乗る……という役割になります。知識を教えるのは、教え方の上手な先生が1人いればいいんです。

日本の大学の経済学部の講義では、いまだにポール・サミュエルソンの原書を輪読しているというところもあるようです。それだったら、講師としてサミュエルソンが出てくれれば、それで終わりです。もちろん、サミュエルソンはもう亡くなっているので、彼の教科書を最もわかりやすく解説してくれる先生の講義を録画して、受講を希望する生徒に配信すればいいわけです。そういうことで、基本的には教師というものが不要になります。

それから、弁護士も要らなくなります。いわゆる「サムライビジネス（士業）」と呼ばれている資格は、国家試験があって、しかも難しい試験ですよね。でも、試験をするということは、答えがあるわけでしょう？　答えがある問題を解くのであれば、AIを活用したら、誰でもできるようになります。

たとえば、アメリカとカナダは、いま裁判では弁護士は若手のほうがものすごく強くな

図表15 シンギュラリティ後は、Amazonも雇用を削減するようになり、またAIによってプロフェッショナルも含めて雇用が失われる

消滅する職業・プロフェッショナル職業

- ✕ 自動運転レベル5の進展により、ドライバーや配達員が不要になる
- ✕ 倉庫の自動化により、作業員が不要になる
- ✕ 運転免許がなくなり自動車教習所が不要になる
- ✕ スピード違反がなくなり交通警察が不要になる
- ✕ 自動車の営業マンや修理工が不要になる
- ✕ 自動運転やカーシェアの普及に伴い、自動車保険の大半がなくなる

- ●第4の波（サイバー社会）後半では、自動化・ロボットなどで代用できる仕事、AIで代用できるプロフェッショナル業務などが消滅する
- ●第3の波（IT社会）では、プロフェッショナルになることを目指していたが、第4の波（サイバー社会）ではプロフェッショナルが不要になる

教師が不要になる

＝各教科に１人ずついればよい。

弁護士が不要になる

＝アメリカやカナダでは裁判の戦術がすでにAI化している。
＝日本では法律業務にAIを活用して契約書のレビューを支援するスタートアップのリーガルフォースが急成長。

税理士・会計士が不要になる

＝eガバメントによって、エストニアから会計士や税理士が消滅。

診断・治療でAIの活用領域が拡大する

＝中国の平安保険グッドドクター（スマホアプリ）。
＝アメリカの軍医は診断をAIが遠隔で実施。治療の一部をAIが指導。
＝執刀の一部を手術支援ロボット「ダヴィンチ」が置き換えるが、名医の領域には及ばない。

（出所）BBT総合研究所

りました。理由は、AIで当該事案を検索すると、そのようなケースはこういう論拠で弁護すればいいとか、相手がこう主張してきた時にはこう反論すべきといった助言をしてくれるんです。だから、これまで経験と勘でもって勝負していたような弁護士が、AIを駆使する若手の弁護士に敵わないという状況が生まれています。弁護士界に将棋の藤井聡太さんのような若手がいきなり出てきたようなものですよ。

会計士や税理士も要らなくなります。というのは、向研会の研修でエストニアに行った時に、国立電子銀行でもって1年間の国民の金の出し入れを見ていて、1年が終わった時に税金がチャリーンと自動的に引き落とされて、税理士も会計士も要らないという話を聞きました。それで、我々のメンバーの中に1人、会計士がいまして、「自分たちの仕事はどうなるのか」と聞いたら、「そういう職業は要らなくなるんです」と。「でも、あなたのような頭のいい人は他に仕事が山のようにあるでしょう」と言われたのを目の当たりにしましたね。

医療のほうも、診断・治療でAIを活用していくということで、アメリカはこれが進んでいます。なぜかというと、米軍は前線基地の野戦病院から兵士の診断結果を大きな病院のほうに送りまして、そして診断した結果、その治療ができる人はそばにいないので、ヘリコプターでここに運べ、というような指示をするオペレーションを40年前からやっています。この膨大なデータがあるんですね。このようなことが、これから中国でも起こり、世界中で広がっていくだろうと。

それらは診断についてですが、治療のほうは、手術支援ロボット「ダヴィンチ」みたいなものが一部置き換わっていくかもしれません。ただ、これはいわゆる〝神の手〟と呼ばれるような名医の領域にはなかなか到達できないと思いますので、そういう名医の価値が上がることになると思います。その中で、日本の診療報酬制度は、基本的には一律で同じ値段です。したがって、そういった〝神の手〟を持つ医師を生み出すインセンティブが非常に少ないと思います。

以上をまとめますと、今はものすごい勢いで従来ある仕事がなくなっていっている、ということです。

サイバー社会で活躍できる人材の条件

では、サイバー社会で活躍するのはどういう人材かということですが、工業化社会というのは、学習指導要領があり、答えのある教育で、先に生まれた者が教えるので「先生」と言われてきました。教育によって多数の均質な人材を生み出すことが求められ、30年前には世界の時価総額トップ10の中に日本企業が7社も入っていました。しかし、最近ではトップ10に日本企業は1社もなく、代わって中国・台湾企業が入るようになってきていま す。今の日本勢のトップはトヨタ自動車ですけれども、40位に入るのがやっとという状態です（図表16参照）。

サイバー社会というのは「考える教育」、すなわち答えは他人に教えられて覚えるものではなく、自分で考えて見つけるものです。そのためには、ティーチャー（先生）じゃなくてファシリテーター（促進者）が必要とされます。

それから、個別指導によって「尖った人材」を輩出することが求められています。尖った人材を生む方法は、個別指導以外にありません。だから、指導要領どおりに教えたら「一条校」と認定して国が授業料を補助してあげます、という今の日本の文科省のやり方は最悪です。

これからメシの種になるのは「人間にしかできないこと」であり、構想力を持つ人材だということです。ジェフ・ベゾス、イーロン・マスク、マーク・ザッカーバーグ、ジャック・ドーシー……いろいろいますが、ほとんどが複数の企業を立ち上げています。

イーロン・マスク氏は、ペイパルの創業もやっていますし、テスラの創業、スペースX。NASAが今、スペースXに宇宙開発を依存する。ニューラルリンク、ハイパーループ、つまり、「シリアル・アントレプレナー」と言われて、1人の人間がいくつもこうやって起業する。理由は、この世界はほとんど先人がいない世界なので、そういう発想をできる人というのは、次から次にビジネスを立ち上げられる。こういう状況ですね。

それから、ジャック・ドーシー氏はツイッターの創業者ですけども、最近CEOから退きました。今は決済サービス企業のブロック（旧・スクエア）のほうに集中しています。

AIの強みと弱みですけれども、これはコンピューターですが、記憶とかそういうやつは圧倒的に強い。しかし、0から1を生み出す構想力、それから介護などの細やかな神経

図表16 「第4の波」後半（シンギュラリティ以降）に活躍する人材は、学習指導要領では育たない。21世紀型の教育で育成するべき

20世紀型の教育

工業化社会

学習指導要領
答えのある教育
「先生」
大量・均質

21世紀型の教育

サイバー社会

家庭・学校・地域の方針
考える教育
「ファシリテーター」
個別指導・尖った人材

教育は時代に20年先行しなければいけない

1989年

順位	企業名	時価総額（十億ドル）
1	NTT	163
2	日本興業銀行	71
3	住友銀行	69
4	富士銀行	67
5	第一勧業銀行	66
6	IBM	64
7	三菱銀行	59
8	エクソン	54
9	東京電力	54
10	ロイヤル・ダッチ・シェル	54
11	トヨタ自動車	49
12	GE	49
13	三和銀行	49
14	野村証券	44
15	新日本製鐵	41

2022年

順位	企業名	時価総額（十億ドル）
1	サウジアラムコ	2274
2	アップル	2248
3	マイクロソフト	1941
4	アルファベット	1433
5	アマゾン	1114
6	テスラ	706
7	バークシャー・ハサウェイ	611
8	ユナイテッド・ヘルス	485
9	J&J	472
10	テンセント	435
11	メタ	433
12	ビザ	421
13	TSMC	399
14	貴州茅台酒	380
15	エクソンモービル	368

※40位　トヨタ自動車　214

（出所）日本取引所グループ、companiesmarketcap.com

とか人手が必要なところ、これはコンピューターは苦手なんです。したがって、サイバー社会でメシの種になることというのは、人間にしかできないことに限られる。この最たるもの、富を生むものは「見えないものを見る力」、つまり構想力ということです。そういう本を私はかつて書いているんですけれども、実はもう1つ、そういう領域があります。それは、学習指導要領の外側。ここは、日本は非常に強いんです。すでにこれまでの著書でもたびたび解説していますが、スポーツや芸術、ゲーム、漫画、アニメなどです。

それだけではありません。料理の分野でも日本人は傑出しています。ミシュランの星付きレストラン、いつの間にか東京が世界一で、パリの2倍あるんです。フランス人は悔しくてしょうがないと思いますが、実はその次が京都ですよ。それから大阪、香港、ニューヨークと続きます。知っていました？

あるいは、ミシュランの星が付かなくても、創意工夫によって日本でしか食べられない料理が山ほどあります。寿司や天ぷら、ラーメン、とんかつなど枚挙に暇（いとま）がありません。

これらは、文科省の学習指導要領がない世界なんです。優れた人のところに弟子入りしていくんです。伝統的な習い事みたいなものです。これは指導要領というよりも「0から1」の発想力が必要とされますが、コンピューターにはできません。コンピューターは、標準化する作業は得意ですが、そうじゃない仕事は苦手です。だからこそ、そこにかなりの富があるんです。

シンギュラリティ後も生き残る仕事

ＡＩに置き換えられない仕事はほかにもあります。たとえば、看護や介護、出産・育児、カウンセリングといったものですね（図表17参照）。

とくに日本の場合には、医療の分野で、少子化というのを強調し過ぎているので、産婦人科を選ぶ人が少ないんです。だから今、地方によっては、出産の時に陣痛が来てから２時間から３時間も運転しないと行けないというようなところがけっこう出てきています。

あるいは、奥さんのほうの実家で産んで、しばらく実家にいるという、このパターンが今、新型コロナ禍でできなくなっている。それで、たとえば最近できた神奈川県横須賀市の「マームガーデン葉山」という施設は、利用料金が１泊４万円以上で、最も広い部屋は１泊10万円を超えるような高額ですが、かなり人気となっています。出産前から入って、産後もしばらく滞在して手厚いケアを受けられます。

このように考えてみると、コンピューターにできないことというのは、意外に多岐にわたって、いろいろあることがわかります。

それで、シンギュラリティ後も生き残る仕事というのは二極化します。

１つは、構想力を生かした、「経営者」「起業家」「スポーツ選手」「音楽家」「料理人」「アニメーター」「ゲームクリエイター」「研究者」……こういうものですね。

もう１つは、ＡＩが苦手な仕事の「介護士、看護師」「出産、育児支援」「ソーシャルワーカー」「心理カウンセラー」「聖職者」などです。

ですから、シンギュラリティが起こっても、構想力があれば何も恐れる必要はありません。また、構想力がなくても、AIが苦手な仕事というのは、けっこうたくさんあるんです。

問題は、日本の多くの親、あるいは学校、先生がそれに気がついていないことです。それで、20年後には陳腐化しているようなことを今、一生懸命に教えているわけです。

20年後というのは、非常に重要で、いま高校に入った子供がちょうど活躍する35歳から40歳になる頃ということですね。日本の場合は、高校2年でもって理系と文系に分かれてしまい、文系に行く人が、理系に行く人の2倍ぐらい多いんです。そうすると、ますます日本はIT社会への対応が大幅に遅れていくことになります。

だから、シンガポールとか、あるいは台湾、イスラエルのように、基本的に生徒全員が理系で、そこにアートやヒューマンサイエンスといったものを加えて、「STEAM（スティーム）」――「サイエンス」「テクノロジー」「エンジニアリング」「アート」「マセマティックス」――という教育に変えてしまった国が今も強いし、これからも強くなる。インドなんかは、ほとんどエンジニアです。そういう点ではもう割り切っていますよね。

偏差値教育が諸悪の根源

偏差値問題が深刻になったのは、連合赤軍による浅間山荘事件（1972年）がきっかけではないかと私は思います。あの事件の後、国家に歯向かうような人間を二度とつくら

図表17 AIに置き換えられない仕事は、今よりも付加価値が高まる可能性がある

AIに置き換えられない仕事の例

介護
出産･育児支援

AIやロボットによる支援に限界があるので、人間によるホスピタリティを高めていけば、潜在的なニーズを掘り起こすことができる

最近は出産専門の高級リゾートホテルのような施設が登場

- １泊３食付き10万円ほど。
- 美しい海や山の風景を眺められる豪華な個室で、産前から産後まで至れり尽くせりの医療と看護が受けられる。

例）マームガーデン（横須賀市）
産後ケアホテル「マームガーデン葉山」
ロイヤルスイート：1泊 12万1000円

（出所）マームガーデン

シンギュラリティ後に生き残る仕事

構想力を活かした仕事

- 経営者、起業家
- スポーツ選手
- 音楽家
- 料理人
- アニメーター、ゲームクリエイター
- 研究者など

AIが苦手な仕事

- 介護士、看護師
- 出産、育児支援
- ソーシャルワーカー
- 心理カウンセラー
- 聖職者など

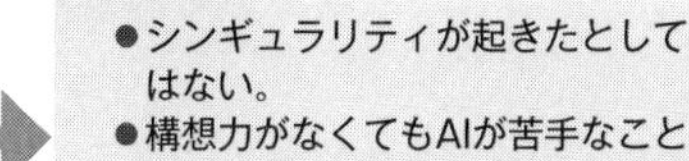

- シンギュラリティが起きたとしても、構想力さえあれば何も恐れる必要はない。
- 構想力がなくてもAIが苦手なことはたくさんあり、その領域のスキルを身につけておけば生き残っていける。

ないということで、偏差値が導入された。「あなたの能力なら偏差値67レベルだ」「その成績なら○○大学が適当である」と、上から目線で決めるんです。

ですから、「高校時代にあんなに成績が良かった秀才が官僚になっているんだから間違いないはずだ」と考えている人がいたら、それは大きな誤りです。受験した時の偏差値が高かったというのは、その人がその瞬間に工業化社会で必要とされている（古い）知識をたくさん詰め込んでいた、というだけの話です。です

から、今の社会が抱えている問題も見通せないまま、自分はできる人間だと思っているために反省も勉強もしていない人が、日本の政治家と官僚をやっている――そういう感じなんですね。

したがって、偏差値というものが日本をおかしくしていて、これが若者がアンビション（野心）を持つのを妨害しています。「どうせ自分の偏差値は低いから」という感じで、自分の能力にブレーキをかける道具になっている。試験の偏差値というのは、単にある時期のあるテストの結果に過ぎないもので、その後、頑張って、どこまでも目線を上げてやっていけば、いくらでも人生でチャンスが出てくるはずなんです。でも、それができなくてアンビションが足りないというのが、日本の最大の問題です（図表18参照）。

もう1つは、２０２２年1月に、東京大学の赤門の前で名古屋の高校２年生が受験生を刺した事件がありました。これは、偏差値1位が東大で2位が京都大学、とりわけ東大の中でも医学部が最難関で、将来もらえる給料が高いと、そういう勘違いをしたんです。

実際のところ、世の中はそれほど単純ではありません。いま医学部へ入ったとしても、インターンも含めて10年は学校に縛られて、その後も病院の勤務医になったら安月給で夜勤もあるし、長い間大きな病院に勤めていずれ開業できればいいんですけど、開業にはざっと2億円ぐらいかかるとも言われていますので、その資金を貯めるまでに50歳を過ぎてしまうと、最終的にリターンが得られません。

そのようなことで、医者になれば金持ちになれるとか、大企業のトップの給料よりも医

図表18 シンギュラリティが20年後に迫っている今、学歴偏重・偏差値教育の弊害について、社会的な議論と対策が必要である

学歴偏重・偏差値教育の弊害

- 2022年1月15日、東京大学の前で、大学入学共通テストの受験生ら3人が刃物で切りつけられて負傷した事件が発生。
- 逮捕された名古屋市に住む高校2年生は、東大医学部を目指していたが、学校の面談で「東大は無理」と言われて犯行を計画。

偏差値の問題 偏差値と共通テストは、それぞれ日本をおかしくしている

- 学力偏差値は、1972年に起きた浅間山荘事件を機に普及。
- 偏差値が全国的に普及すれば、「おれは優秀だ」という勘違いから、政府に楯突く学生はいなくなる、という目算。
- 偏差値は記憶力を試すものであるが、スマホ時代に価値がなくなった。
- 学生が何を目指すべきか、どのような能力を磨くか、議論が必要。

医者の問題 学部志向もAIが普及する未来を考えれば時代遅れであり、「東大医学部しかない」と思い詰める必要はない

- 多くの人が勘違いしているが、医学部はいまや魅力的でない。
- 勤務医の平均年収は、病院なら1500万円ほど、クリニックは1000万円ほど。夜勤があるなど、きつい仕事のわりに給料は高くない。
- AIの自動診断が当たり前になれば、医者の価値と役割は変化する。

偏差値偏重への対策

大学が「大学入学共通テスト」で学生を選んでいる	
偏差値偏重への対策	●大学入学共通テストは即刻廃止。 ●各大学は「本校ではこういう学生を求めます」と要求するスペックをはっきり示し、入試方法や入試問題は、公示したスペックに適したものを独自に設ける。 ●受験者は受験する大学を偏差値で判断するのでなく、各大学が求めるスペックや入試方法から志望校を決める。
BBT大学の事例	●BBT大学では、共通テストのような知識や記憶力を試す試験問題はない。入試は論文と面接だけ。 ●BBTが目指す経営者とは、知識が豊富で記憶力に優れた人間ではなく、社内外のあらゆる人の意見を聞いたうえで的確な意思決定ができる人間である。
日本の大学の方向性	●日本の大学も、「東大が偏差値１位、京大が２位」という考えから脱却しなければならない。 ●「スタンフォードといえば起業、インド工科大学といえばエンジニア」といったように、求める学生のスペックを明らかにして個性ある大学を目指す。

者のほうがいいというのは、今では大きな誤解であると言えます。それならば、むしろ起業したほうが儲かるに決まっています。結局、偏差値によって大学の序列が決まるような偏った考え方から脱却するしかありません。

たとえば、アメリカのスタンフォード大学は起業する学生が多い。それが大学の個性となって、優秀な学生たちが集まります。私もスタンフォードで2年教えていましたが、教授室のドアはいつも開いているので、学生たちがやって来ては私の前の椅子に座って、自分の起業のアイデアをプレゼンしていくわけです。それで、「先生も一枚どうですか?」と声がかかるので、有望なビジネスになりそうなら、教授たちも資本を投じていくわけです。そういうふうなことで、スタンフォードの先生は、講義で教えるよりも学生たちのアイデアを聞いて投資するミニ・インベスターみたいな感じでやっています。

あるいは、インド工科大学（IIT）なら優秀なエンジニアが多数揃っています。私は、アメリカのマサチューセッツ工科大学（MIT）の社外取締役を5年やりましたけど、入試を公平にやったら全員がインド人になってしまいます。そのぐらい、インド人の理数系の能力はすごいです。また、モスクワ大学も、公平にやるとユダヤ人の子弟だけになります。子弟の教育にものすごいお金をかけてきていますから。つまり、公平な大学なんて世界中にないんです。

だから、日本では大学入学共通テスト（前身は共通1次、センター試験）を実施していて、試験をやる以上は公平がいいと言われますが、世界から見ればそれは違います。大学

図表19 日本を〝サイバー社会〟へ移行させるためには、工業化社会時代の規制を撤廃すると同時に、教育改革を実行するしかない

日本政府の方向性案

21世紀型経済の本質・構造変化

「第4の波」の到来

第4の波
サイバー社会

政府は、新しい経済の本質（構造変化:サイバー、ボーダレス）を理解するべき

- 21世紀型経済の本質を理解する
- 20世紀型の経済政策を中止する

政府の方向性案

岩盤規制の撤廃

工業化社会時代のなごりの岩盤規制を撤廃する

- すべてのサービスに「e」をつけて事業を構想し、岩盤規制を撤廃する
- 解雇規制を撤廃し、産業の新陳代謝を進める。
- 道交法を緩和し、CASE（ケース）で世界をリードする。
- 医師法や薬事法を緩和し、オンライン診療を加速。

21世紀型の教育改革

教育を時代に20年先行させる

- 学習指導要領を廃止する。
- 大学入学共通テスト、偏差値を廃止する。
- 一条校を廃止する、文系理系の区分けを廃止。
- 教育を変えられなければ、世界からサイバー人材を呼び込む必要がある。

側は自分たちが求めている学生のスペックを公開して、それに適った学生を入学させればいいんです。実際、私が学長を務めているビジネス・ブレークスルー（BBT）大学には、共通テストなんかないです。論文を書いてもらって、その内容について2人以上の先生が面接官として学生とディスカッションして、好きな人を合格させています。

日本が取るべき選択肢

以上をまとめると、日本政府は、岩盤規制の撤廃、すなわち工業化社会を守るための規制を取り払って、21世紀型の教育をやる。これしかないです（図表19参照）。

21世紀は、富の偏在が顕著になっています。その中で「第4の波」の特徴を捉えた者が富を独占します（図表20参照）。

「波」をいち早く捉えた者が勝つ——それは、「第2の波」の工業化社会でも、「第3の波」のIT社会でも同様でした。後者で言えば、マイクロソフトなどはその典型でしょう。

しかし、いま「第4の波」では、これはもっと極端です。サイバー社会で通用する構想力を持つ人が非常に少ないからです。そういう人に、世界規模でもって課税をする。逃れる場所をなくす。そして非常に重たい税金を払ってもらって、縁の下で地道に社会を支えているエッセンシャルワーカーのような人たちにお金を分配する。これが、世界政府の役割ということになります。

そういった〝持つ者〟と〝持たざる者〟との比率は、1対39ぐらいになるのではないか

図表20 サイバー社会の後半では、サイバー社会の勝者から多く徴税し、雇用や社会システムの維持に還元する仕掛けも検討すべき

世界の富裕層上位の保有資産の割合

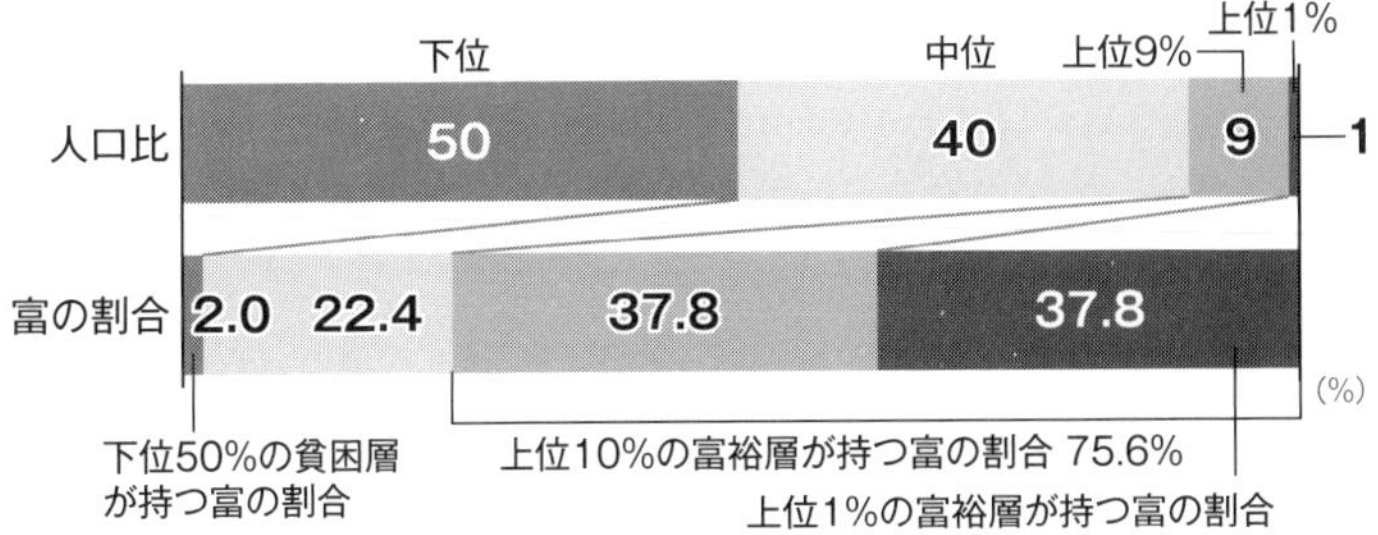

サイバー社会後半の雇用、社会システムの維持

サイバー社会で通用する構想力を持つ人材は少ない。
では、どこに雇用を求めるべきか?

①少数のサイバー社会の勝者に、税金を多く払ってもらう

アメリカのGAFAM狙い撃ち、中国の共同富裕のように金持ちから奪い取るのではなく、正式なシステムとして徴税する。

- **個人富裕層には資産課税**
- **高収益企業には付加価値税 など**

②付加価値は低いが、雇用や社会システムの維持に必要な分野に税金を投入し、弱者に還元する

- AIに勝つのは40人に1人くらいで十分。
- あとの39人は、AIに勝った天才が納めた税金で生活する。
- 普段の仕事は、介護や看護、ハンディキャップがある人の支援など、エッセンシャルワーカーとして社会的な役割を担う。

(出所) World Inequality Lab "World Inequality Report 2022" ほかよりBBT大学総合研究所作成

と私は思っていますけれども、そのほかに、たとえば飲食店をやったら、ちょっとひねって人と違うことをすると行列ができるとか、こういうことは身の回りにいっぱいありますよね。だから、実は人手が大量に余ってしまうサイバー社会になっても、心配の要らない仕事は、看護師や介護士、カウンセラーや芸術家、さらに寿司屋までいっぱいあります。

ということで、別に新しい波が打ち寄せてくるからといってパニックになる必要はないんですが、その波に見舞われる場所のちょうど真ん中に日本人が全部いますので、ここが問題だと思います。

ですから、私は日本の得意な分野——アニメとかそういうものを含めて、これをますます強化して、その人たちがちゃんと人間的な生活が送れるようにするというのが、社会制度として、21世紀のサイバー社会、シンギュラリティに向かう唯一の道ではないかと思います。

「第4の波」——前の波を否定して、そこから溢れ出てきた人たちを結集して、次の波に立ち向かって行くというフェーズが今、始まったところです。なんとかしてシンギュラリティに負けないようにしていただきたいと思います。

（2022年2月の向研会セミナーより抜粋・再構成）

以上が、「第4の波」についての基調報告というべき概要である。

ここからは、過去の連載記事をベースとして、さらに具体的なテーマ・論点に沿って解説していくことにする。資料やデータなどがセミナーの内容と一部重複しているところもあるが、改めて問題を整理する意味もあるので、ご理解いただきたい。

検証1 「最低時給3900円」も！　世界の雇用が激変している

アマゾンの基本給上限が5000万円弱に

アメリカの労働市場に異変が起きている。アマゾンの物流倉庫、スターバックスやアップルの店舗などで、新たに労働組合を結成する動きが広がっているのだ。

賃上げも加速している。アマゾンは2021年9月に物流部門の最低時給を平均18ドル（当時のレートで約2300円）超に引き上げたが、労組側は30ドル（約3900円）への引き上げを要求している。スターバックスも2021年10月、勤続2年以上は最大5％、5年以上は同10％賃上げし、従業員の平均時給が約17ドル（約2200円）になると発表した。アップルの労組結成を目指すグループは、時給を最低でも30ドル（約3900円）にするよう求めていると報じられた。時給3900円で8時間・20日間働いたら、月収は62万4000円である。日本で言えば、部課長クラスの給料だ。

その背景にあるのは急速に進んでいる物価高と人手不足である。新型コロナウイルス禍が下火になったことによる景気回復やロシアのウクライナ侵攻に伴い、アメリカの消費者物価指数は1年を通して7％以上と40年ぶりの高水準が続いた。その一方で、失業率は3％台半ばで、完全雇用（3％程度）に近づいている。このため、労働市場で優秀な人材の争奪戦が激しくなり、アマゾンは従業員の基本給の上限をこれまでの年間16万ドル（約2080万円）から、35万ドル（約4550万円）に引き上げると発表した。

こうした異変は、単に雇用環境による影響ではない。より構造的な変化という意味では、私が提言している「第4の波」が進展していることと関係がある。

「第4の波」とは、「AI・スマホ革命」によるサイバー社会が世の中にもたらす変化である。アメリカの未来学者で友人だったアルビン・トフラー氏が1980年に上梓したベストセラー『第3の波』をヒントにしたものだ。

トフラー氏は「第1の波」の「農業革命」によって農業社会、「第2の波」の「産業革命」で工業化社会になったのに続き、次は「第3の波」の「情報革命」が起きて脱工業化社会になると主張し、その通りになった。

私は、この3つの波における雇用の側面に着目した。いずれの波も前半は雇用を大量に創出したが、後半はそれが削られたのである。それは「第4の波」も同じであり、前半の入り口の今は雇用を大量に創出しているが、後半は人間が淘汰されていく、と指摘した。

典型例は配車サービスのウーバーや料理宅配のウーバーイーツだ。世界中でウーバーのドライバーやウーバーイーツの配達員が増加しているが、車の自動運転レベル5（完全自動運転）が実現したら、ドライバーも配達員も用無しになる。だから同社は彼らを正社員として固定化せず、(時給が高くても)個人事業主として契約しているのだ。

アマゾンをはじめとするEコマースの物流倉庫のスタッフも、作業の自動化がさらに進めば、ピッキング・パッケージング要員は大幅に削減される。また、自動運転時代になったら、今は人手不足が深刻な宅配便のドライバーも不要になる。

日本の場合、最低賃金の全国平均時給は961円(2022年度)でしかないが、時給の上昇は国際的に伝播するので、これから徐々に上がっていくだろう。

しかし、たとえ時給がアメリカ並みに上がったとしても、喜んでばかりはいられない。時代が進み、「第4の波」が後半に入ると、前半に創出された仕事の大半はロボットやAIに取って代わられ、なくなってしまうのだ。

〝パッケージ〟に価値はなくなった

また、クリック(ネット)ビジネスのウーバーやアマゾンとモルタル(実店舗)を展開する飲食業や小売業では事情が全く異なる。

たとえば、スターバックスは定番のラテが415〜545円だ(2022年6月時点)。一方、コンビニやファストフード店のコーヒーは最安100円である。スターバックスは価格に見合う価値を維持するためにバリスタが注文ごとにドリンクを1杯1杯作っている。しかし、スターバックスの高いコーヒーとコンビニなどの安いコーヒーの間に価格ほどの差異はない。したがって、スターバックスが省力化し、同じ味をロボットで再現できたとしても、現在の価格は取れない。ロボット化した場合の価格は無限に100円に近づいてしまうのだ。

だからといってバリスタの手作りという現在の付加価値を維持するために従業員の時給をどんどん引き上げたら、それは〝墓穴を掘る〟ことになる。なぜなら飲食業は世界的に今の時給レベルがほぼ限界に達しているからで、実店舗を持たないネット企業の給料には永遠に近づけないと思う。

小売業も同様で売上高利益率が極めて低い。2021年の経済産業省の企業活動基本調査（2020年度実績／速報）によれば、小売業の1企業あたりの売上高経常利益率は3・1％だ。したがって、従業員の時給を引き上げる余力はほとんどなく、行き着く先は無人化・ロボット化しかない。

かつては有名百貨店の包装紙や紙袋が摩訶不思議な付加価値になっていた。しかし、もはやそれはなくなった。若い女性を中心とした客層が重視するのは、メルカリなどで2〜3年後も売れるブランドかどうか、だけなのだ。百貨店は売り上げも従業員の給料も上がるはずがないのである。

となれば、今後は労働者の需要構造も変わってくる。GAFAM（ガーファム）（グーグル、アップル、フェイスブック、アマゾン、マイクロソフト）などの巨大IT企業が多くの従業員を正社員にせず、高賃金でつなぎとめているのは、今が「第4の波」の前半だからである。前述したように「第4の波」の後半になったら、いずれ彼らの仕事の大半はなくなるとわかっているのだ。

すでに銀行をはじめとするかつての就職人気上位企業は、「第3の波」で従来の仕事がなくなって人員削減を余儀なくされ、さらに「第4の波」によってそれが加速している。そういう中で、どうすれば生き残っていくことができるのか？

20世紀は仕事や会社を〝パッケージ〟で選ぶ時代だったが、21世紀は〝パッケージ〟は関係ない。大企業や公務員などの「看板」ではなく、自分で仕事や事業をつくる時代＝中身の時代になっている。また、それらの仕事の多くはスマホ1つで付加価値をつけることが可能になっている。「第4の波」に飲み込まれて溺(おぼ)れないためには、その波に乗れるスキルを身につけ、中身を磨かねばならないのだ。

検証2 「第４の波」は「第３の波」とどう違うのか？

日本の生産性が上がらない理由

トフラー氏の「第3の波」と、いま広がりつつある「第4の波」は、何が違うのか？

「第3の波」は情報革命によって工業化社会からIT社会に移行した。次の「第4の波」は、IT社会よりさらに進んだサイバー社会＝AI・スマホ社会であり、その違いは劇的なものだ。

「第3の波」の前半では、データ入力業務やコールセンターのオペレーターに加え、コンピューターの導入によって高度化した経理、総務、購買などの事務処理を担う間接業務のホワイトカラーが大勢必要になり、大量の雇用が創出された。

そして後半では、営業支援や受注管理、在庫管理、請求管理といった定型的な間接業務の分野で様々なRPAツールが登場し、これを活用して徹底的にDXを実行すれば、間接業務のホワイトカラーの人数はこれまでの5分の1から10分の1で事足りるようになった。たとえば、世界最大のコンピューターネットワーク機器開発会社・シスコシステムズは、全世界5万人分の出張旅費精算をわずか数人で処理しているという。また、インドや中国などアジアの新興企業は最初からRPAツールを使っているから、もともと間接業務の効率は極めて高い。その結果、欧米企業やアジアの一部の企業は労働生産性が飛躍的に上がった。

一方、日本は「第3の波」の後半にも入っていない。日本企業の大半はRPAツールを使い切れていないため、労働生産性が低いままである。人員が余ったらリストラするか、営業職に回すのが常識である。だが、終身雇用制度が慣行となっている日本企業の場合、簡単にリストラすることはできない。また、入社以来、経理や総務などの間接業務しかやってこなかったホワイトカラーは営業を嫌がるので、職種転換も非常に難しい。だからRPAツールが山ほどあるにもかかわらず、日本企業は導入に二の足を踏んだり、導入しても使い方が中途半端だったりして、労働生産性が一向に上がらないのだ。世界中で普及しているRPAツールも「日本語」のハンディがあるため、日本ではまだ十分に消化できていないのが実情だ。

スマホ1つで世界を動かせる

一方、欧米やアジアの一部は、すでに「第4の波」に移行している。IT社会では国や地域によって標準が異なっていたが、AI・スマホ社会ではOS（基本ソフトウエア）がアンドロイドとiOSしかなく、そのシステムは事実上1つだけである。どちらのOSであっても、コンピューターネットワークにつながってさえいれば24時間、世界のどこにいても誰もが同じサービスを利用できる。

これは、言い換えれば「国境がない」ということだ。工業化社会のボーダレス化は、日本で確立した商品を欧米やアジアで売ると同時に、生産の一部を東南アジアや中国に持っていく、というものだった。いわゆる「国別戦略」であり、それを考えることが私の経営コンサルタント人生の大半だった。

しかし、国境がないAI・スマホ社会は国別戦略が必要ないから、民泊仲介サービスの「エアビーアンドビー」や配車サービスの「ウーバー」などのように、あっという間に世界化できる。つまり、優れたシステムさえ構築すれば、スマホ1つで世界を動かせるのだ。

しかも、スマホは生体認証機能が搭載されているし、位置情報もわかるから、マイナンバーカードや健康保険証、運転免許証、パスポートより、よほど安全で揺るぎないID

（身分証明）になる。そもそもそれらの個人データは、すべてスマホに入ってしまう。スマホベースの「第4の波」は、国別に波及した「第3の波」とは次元が違うのである。

だから、エアビーアンドビーやウーバー、あるいは日本のタクシーアプリ「GO」などのビジネスが成り立っているし、世界中からWeb会議に参加できる。トフラー氏は、『第3の波』で「新しい社会では時間から解放される」と説いたが、「第4の波」のAI・スマホ社会では、時間だけでなく「場所」からも解放されるのだ。

企業の営業部門なら「営業マンの数だけ営業所がある」という発想ができるだろう。営業マンは担当地区に住んでしまえば、支店のある札幌や仙台との間を長時間かけて毎週往復する必要がなくなり、顧客密着度も格段に高まる。最終的には本社で全国各地の営業マンを一括管理すればよいので、営業所も不要になる。営業活動が場所から解放され、「営業マンの数だけ営業所がある」というコンセプトが実現するわけだ。

このように「第4の波」では、AIとスマホをとことん使い抜いた企業が勝ち、とことん使い抜く方法を考えた人間が新しい事業を創出できるのだ。

注目すべき日本のスタートアップ企業

それを象徴するユニークなスタートアップも続々と登場している。

たとえば「助太刀（すけだち）」という会社は、職人や工事会社を探している発注者と現場や新規取引先を探している受注者をスマホアプリでマッチングするサービスを展開している（法人向けのパソコン版もある）。職種や居住地などを入力するだけで条件にあった職人や工事会社、現場や新規取引先と出会うことができ、お互いのプロフィールや現場の情報をやり取りして条件がすり合えば仕事を受発注するという仕組みである。

いま建設工事現場は人手不足なので、急に建機の運転手や鳶職、鉄筋工、左官、配管工などの助っ人が必要になっても、なかなか見つからない。そこで、発注側の登録者が現場の内容や工事代金、日程をアプリに入力して募集をかける。それを見て「自分は条件にマッチするから請け負いたい」と思った受注側の登録者が応募するわけだ。

あるいは「ユニファ」。こちらはＡＩやＩｏＴ（モノのインターネット）、スマホを活用した保育園・幼稚園・こども園向けの支援サービス「ルクミー」を展開している。具体的には、独自のセンサーを開発して園児の午睡状態をチェックしたり、体温の変化を検知したりすることで、保育士・幼稚園教諭の負担を軽減している。

さらに、園児の登園・遅刻・欠席状況や送迎バスのＧＰＳ位置情報を保護者と園がスマホアプリで管理できる機能もある。園児の写真をランダムに撮影してＡＩの顔認証で個人を特定し、それを父母や祖父母にインターネットで販売するサービスも提供している。その料金は祖父母が支払うので、父母や園はコストを負担する必要がないという仕掛けである。

また、「バニッシュ・スタンダード」が運営している「スタッフスタート（STAFF START）」というサービスは、アパレル業界の店舗スタッフをＤＸ化し、店舗スタッフが商品についてのレビュー（評価・コメント）を作成し、自社ＥＣサイトやＳＮＳなどに投稿できるようにした。また、ブランドの自社ＥＣサイトやＳＮＳ上でのオンライン接客をスマホアプリで可能にした。店舗スタッフが投稿を通じて達成したＥＣ売り上げは可視化され、スタッフ個人の給与や店舗の実績評価に反映される。

同社の創業者・小野里寧晃（おのざとやすあき）社長によると、売り上げが多いスタッフは東京や大阪などの大都市より地方都市の店舗に多く、個人の月間最高売り上げが１億円を超えることも珍しくないという。オンライン接客は時間も店舗の場所も関係なく、どこにいても24時間３６５日できるからだ。

今までアパレルでは「場所（ロケーション）がすべて」というのが通念だった。それが、時間と知恵のある店員が全国に向けて発信するので、逆に、あまりメジャーではない地方の店員が売上高トップになったりする。この変化は、「第４の波」の革命的側面を如実に物語っている。

これらの企業は「第４の波」を活用し、それぞれの業界・業種で仕事の効率や労働生産性を高めている。しかも、ＡＩ・スマホ社会ではデータを蓄積すればするほど新しい知見が得られるので、「第４の波」に乗った会社はどんどん新しいビジネスを生み出すことができるだろう。

「国」や「会社」の概念もなくなる

一方、「第４の波」では、弁護士、公認会計士、税理士、司法書士、行政書士、中小企業診断士、社会保険労務士、宅地建物取引士などの「サムライビジネス（士業）」の多くは、ＡＩに取って代わられる。

たとえば、すでにカナダでは弁護士業務のかなりの部分をＡＩが代替している。その訴訟のケースをアプリに入力すると、過去の判例に基づいて「裁判に勝てる確率」「妥当な請求額」「争点と法廷で議論すべき順序」などをＡＩが教えてくれるのだ。書籍やネット上の判例集を紐解いて調べる必要はないのである。今後はＡＩを駆使できる弁護士しか生き残っていくことはできないと思う。

さらに日本の場合、弁護士以外の法律事務の取り扱いを禁じた弁護士法第72条が修正されれば、大半の弁護士はネット相談に置き換わってしまうだろう。

あるいは、ＩＴ先進国のエストニアでは納税申告が自動化され、会計士や税理士という職業が消滅した。政府のクラウドデータベースに全国民のネットバンクとのやり取りと預金残高が記録されているため、課税所得や納税額の計算が自動的に行なわれる。国民はスマホやパソコンから自分の納税額を確認し、承認するだけで確定申告と納税が完了する仕組みになっているのだ。日本も納税申告だけなら経理ソフト・会計ソフトから電子的にできるが、利用している企業や個人はまだ非常に少ないのが現状だ。

建築士の仕事も、役所がＡＩを導入すれば、大幅に軽減される。シンガポールの建築確認は、役所にＣＡＤの設計図面を電子申請すれば、ＡＩが確認して数分後にイエスかノーかの判定が出る。イエスなら翌日から着工できる。

実は、シンガポールのシステムは日本企業が作ったものである。ところが日本では、いまだに紙の設計図面と書類を役所に提出しなければならないわけで、これは全く意味不明だ。建築基準法は日本全国同じであり、容積率と建蔽率が地域や地区によって異なっているだけだから、シンガポールと同じシステムを簡単に導入できるはずである。しかし、そうすると建築確認を担当している役人が不要になってしまうから、役所は知らぬ顔の半兵衛を決め込んでいるのだ。

いまや医師の診療もＡＩを活用すればオンラインで簡単にできてしまう。実際、中国では新型コロナ禍で医師との対面診療が難しくなったこともあり、ネット病院のオンライン診療が当たり前になっている（ゼロコロナ政策の崩壊後は病院内が大混乱しているが）。

日本でも新型コロナ対策の中でオンライン診療の活用を促進する方針が閣議決定され、これまで普及の妨げとなっていた「対面診療」の必要性が大きく規制緩和された。しかし、まだオンライン診療のサービスは少なく、中国に大きく後れを取っている。

まだ「第4の波」の入り口にすぎない

また、薬剤師の仕事はＡＩと調剤ロボットによって、すでにほぼ自動化されている。かつてのように上皿天秤で薬の重さを量って調合する必要はなく、処方データを入力するだけでコンピューターが薬品を選択して秤量を行ない、配分、分割、分包までロボットが人に代わってやってくれる。ただし、薬局の薬剤師は厚生労働省の省令により、１日平均40

枚の院外処方箋に対して1人以上配置しなければならないという規制がある。だが、実際には薬剤師の資格を持ちながらも調剤業務に従事していない人がたくさんいて、その人たちが薬局やドラッグストアなどに名義を貸しているのが実態であり、それも調剤ロボットがあるから可能になっているわけだ。

教師に至っては、各科目が全国1人で事足りる。時間からも場所からも解放されるAI・スマホ社会では、世界で最も優秀な先生の教えを、いつでも、どこでも、誰でも学ぶことができる。ミルトン・フリードマンのマーケット・メカニズムやフィリップ・コトラーのマーケティングを学びたければ、ネットで本人の講義映像を視聴すればよいので、彼らの著書の読み合わせをしているだけの日本の〝輸入学者〟は1人残らず無用になるのだ。

とはいえ、これらはまだ「第4の波」の入り口にすぎない。その後半はシンギュラリティ以降であり、そこでは会社組織さえ不要になるだろう。商品のコンセプトだけ考えれば、AIがそれを作って売る最適な方法を探し出し、マーケティングも代行してくれるようになるだろう。

それに伴い「企業業績」や「国力」などの考え方もがらりと変わる。「第4の波」における企業形態は、会ったこともない日本のAさん、アメリカのBさん、フィリピンのCさん、アイルランドのDさん、ブラジルのEさん、南アフリカのFさんがサイバースペースで同じプロジェクトに参加・遂行することが普通になる。

また、サイバー環境が良くて規制が少ない国――たとえば前述したエストニアには「電子国民」という制度があり、外国人でも一定の条件を満たせば、電子IDカードが付与される。そうすると日本にいながら容易にエストニアで会社を設立することが可能になり、世界中の優秀な人材と最適地をサイバーで活用しながら商品を企画・製造・販売することができるので、もはやどの国の貿易統計がプラスかマイナスか、ということも意味がなくなる。

トフラー氏の慧眼、先見の明は素晴らしかった。しかし、このようなAI・スマホ社会の出現までは知らずに亡くなった。いま目の前にある「第4の波」は「第3の波」とは全く次元の違う世界であり、すべての人間がサイバー化する。そして、その染色体が入り込んだ人間と企業が世の中を制するのだ。

第2章
「将来不安」は解消できる
―課題先進国・日本が示すべき未来像―

「少子高齢化」も「低欲望社会」も日本が先駆

日本は〝課題先進国〟と言われている。少子高齢化は、先進国だけでなく多くの国が直面している。急成長を続けてきた中国も、日本以上に少子化が進み、高齢者が増加して成長率が鈍化している。

少子高齢化の進展とともに拡大しているのが「低欲望社会」だ。これも日本が世界に先駆けて突入した。私はすでに20年前から、若者を中心として「物欲・出世欲喪失世代」が広がっていることに着目し、世界でも例のない「低欲望社会」が到来していると指摘した。今や日本の大都市では、物欲も出世欲もない多くの若者が「ウサギ小屋」ならぬ「3畳＋ロフトのみ」の激狭物件に住んでいる。

日本の後を追うように、中国でも競争社会を忌避し、住宅や車を購入せず、結婚・出産もしないで最低限の生活を送ることを志向する「低欲望」の若者が増加している。彼らは「寝そべり族」とも呼ばれ、その影響で私の著書『低欲望社会』（小学館）の中国語版も人気を集めている。このテーマで中国から講演依頼があった時には、一瞬わが耳を疑った。

そういう面でも日本は〝課題先進国〟であり、「少子高齢化」と「低欲望社会」による経済の低迷という問題を解決することができれば、世界の先鞭（せんべん）となるだろう。

21世紀の新しい経済の構造変化に影響を与えている2大要因は「第4の波の到来」と「人生100年時代という将来不安」である。「第4の波」を取り上げた第1章に続いて、この章では、後者の将来不安によって、世界でも稀に見る〝低欲望社会〟となり、低成長に甘んじている日本経済をいかに好転させればよいかについて考えてみたい。

基調セミナー 〝人生100年時代〟における国家戦略 ―21世紀型経済理論②―

「現実」を見ていない人々

前回は、生前に親交のあった未来学者のアルビン・トフラーさんが提唱した「第3の波」に続いて、今は「第4の波」が起こっているというお話をしました。しかし、日本の場合は「第3の波」の後半に乗れず、「第4の波」のサイバー社会＝AI・スマホ社会になかなか入れないでいるために、30年以上低迷していると指摘しました。

それで今回は、同じく経済の構造変化に関わる問題として、「人生100年時代」における国家戦略はいかにあるべきかということで、政府が打ち出す経済政策がことごとく効かない理由を考えていきたいと思います。

私は、経済学者や評論家、役人、国会議員などといろいろ話をしていますが、そもそもの入り口が全く違うんですね。彼らは基本的に21世紀型経済というものを理解していません。古い20世紀型のケインズ経済学までは勉強しているので、それで解釈しようとするんですが、ここに大きな誤りがあります。

21世紀型経済というのが抜本的に違う経済だということは、私が20年ぐらい前に「ボーダレス経済」を提唱して言っているんですが、学者や役人の頭にはなかなか入りません。つまり、彼らは現実の世界を見ていないということです。

そういう状況の中で、日本経済は低迷しているわけですが、低迷すればするほど、何か打開策はないかということで、新しいプロジェクトや新しいアドバイザーが出てきます。

たとえば、ニューヨーク市立大学のポール・クルーグマン教授などを連れてきて、在任期間史上最長の首相と日銀総裁が「アベクロバズーカ」で異次元金融緩和をやり、それが日本の低迷にさらに拍車をかけたというのが現状です。彼らが必死にもがいているのは、教科書にある20世紀の経済学のどれを使ったらよいのか、ということです。だから、金利を上げるとか下げるとか、マネタリーベースを増やすのか減らすのかといった、今ではほとんど意味のない操作レバーをいじるだけです。アベクロバズーカなんて言っても、10年間やって何の効果もなかったのに、その原因を探ろうともしない怠慢な連中です。

「人生100年時代」という誤解

しかも、安倍政権は「人生100年時代」ということを言い始めました。これはロンドン・ビジネススクールのリンダ・グラットン教授が書いた『ライフ・シフト』（アンドリュー・スコット教授との共著／東洋経済新報社）という本が元になっているんですが、実

図表21 「人生100年時代を迎え、老後2000万円不足する」という金融庁の報告書は、国民の将来不安を煽る結果となった

「老後2000万円問題」とは？

- 2019年6月、金融庁は「人生100年時代」を見据えた資産形成を促す報告書*を発表。
- 長寿化によって会社を定年退職した後の人生が延びるため、95歳まで生きるには夫婦で約2000万円の金融資産の取り崩しが必要になるとの試算を示す。
- 各方面から批判を浴び、その後撤回。

「人生100年時代」の言葉自体が全くのウソ

- この言葉は、安倍晋三政権の「人生100年時代構想会議」のアドバイザーだったロンドン・ビジネススクール教授のリンダ・グラットン氏が著書『ライフ・シフト』で提唱した。
- 人口動態から2007年に生まれた日本人の半数が107歳まで生きると予測しているだけで、国民全体に当てはまる話ではない。

*金融審議会 市場ワーキング・グループ報告書「高齢社会における資産形成・管理」
https://www.fsa.go.jp/singi/singi_kinyu/tosin/20190603/01.pdf
（出所）ITmedia 大前研一記事より

2007年生まれの子供の50％が到達すると期待される年齢

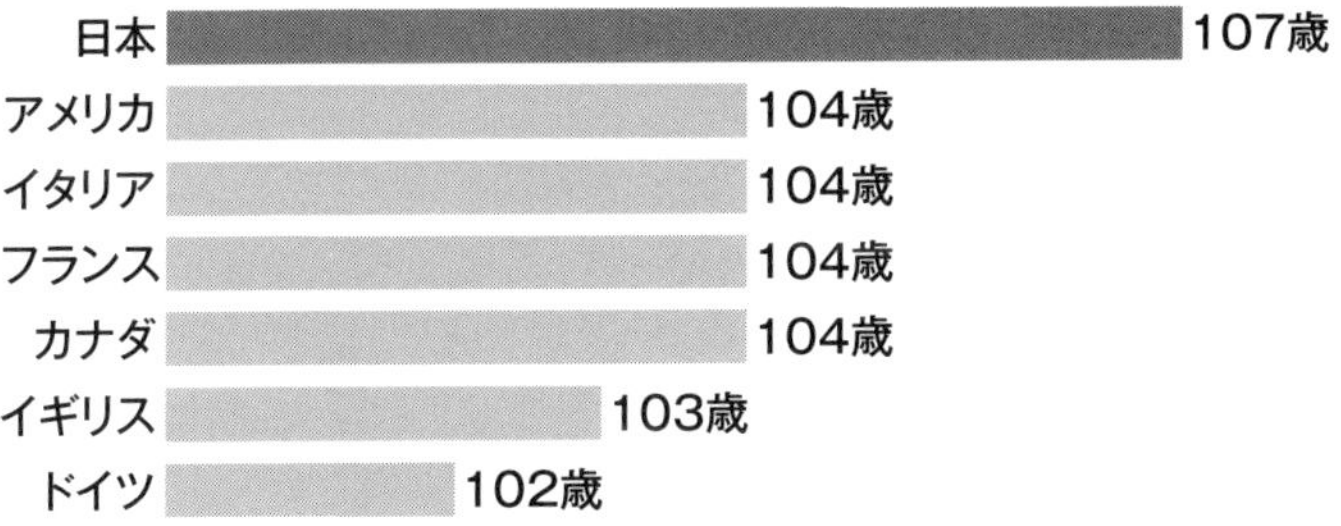

（出所）内閣府「第1回人生100年時代構想会議資料」

はその本はそういうことを言っているわけではありません。2007年に生まれた子供が何歳まで生きるのかという話から始まって、日本の場合は50%が107歳まで生きる、そうなったら人生はどうなるか、生き方すべてに大きな「シフト」が必要になる、と言っているだけです（図表21参照）。欧米諸国も104歳とか103歳まで生きるので大した違いはないんですが、たまたま日本の数字が一番大きかったので、これは大変だという話になりました。そこから政府の迷走が始まるわけです。

なぜかというと、金融庁はそれに乗っかって「100歳まで生きるとすると、皆さんの貯蓄では2000万円足りません」と言ったんです。いわゆる「老後2000万円問題」ですね。でも、冷静に考えたらわかりますが、100歳まで生きる人は稀です。だから「2000万円足りない」というのは全くの間違いで、いま生きている人のうち何%のどういう境遇の人が足りなくなるのか、という説明をすればよかったのに、いきなり「2000万円足りませんよ」と言ってしまったんですね。

それに対して、日本人は2つの反応をしました。1つは「そんなに長く生きたくない」という人が80%もいるんです。これは今まで見たことがないようなネガティブな反応です。もう1つは、2000万円も貯蓄がないということで、みんなフリーズして、持っているお金さえ使わなくなったんです。これが景気低迷の最大の原因です。かてて加えて、新型コロナウイルス禍が起きて、さらに財布の紐を締めてしまいました。政府は、新型コロナ対策で国民1人あたり10万円の特別定額給付金を配りましたが、銀行の人に聞いてみると、40％はそのまま貯金されているそうです。

この日本人の特徴は、欧米の経済学者には全く理解できません。だから、アベノミクスの異次元金融緩和を支持していたポール・クルーグマン教授は、その後「ニューヨークタイムズ」で、金利を下げてマネタリーベースをジャブジャブにして何の効果もないというのは想像できなかったと〝敗北宣言〟を書いています。いずれにしても、このような日本の状況を理解することが、「人生100年時代」問題を考える時に極めて重要です。

ケインズ経済学者には理解できない

21世紀の構造変化の中で、ボーダレス経済、国境なき経済がどういうことになるかというと、いまサプライチェーンが世界全体でつながっているのと同じように、日本で金利を低くしても「低欲望社会」となっている国内には資金ニーズがあまりないので、「キャリートレード」、すなわち日本で余っているお金が高利回りの国外に流出するという状況になっています。

これが従来のケインズ経済のように国境が閉じている場合との大きな違いで、リーマンショックの時にわかったのは、日本の低金利を利用して最もエンジョイしていたのはアイスランドだったということです。ドイツが日本からお金を借りてアイスランドに貸したため、アイスランドで建築ブームが起こったんです。お金が国境をまたいで移動したわけです。

こういうことは従来のケインズ経済学者には全く理解できません。日銀の黒田総裁は、アメリカが金利を上げ始めたけれども、日本は低金利のままで行きたいと言っていますが、これはどうしても国境をまたいでしまいます。だから今は円安基調になっているわけで、日本も金利を上げない限り、お金の流出を止められなくなります。

言い換えれば、インフレは輸出されるんです。ケインズ経済学者は国境の中で考えるので、このことがわかっていません。MMT（現代貨幣理論）を唱える人たちは、インフレがない限り日本は国債をジャブジャブに出して国家財政が赤字になっても大丈夫だと言っていましたが、やはりインフレになってしまうんです。インフレを輸入してしまうんです。したがって、これから先、日本はかなり大変な状況になると思います。

そして日銀は、私が今まで書いた本の中では「インプロージョン（内部爆発）」という言い方をしていますが、お腹の中に国債という〝爆弾〟を抱えているので、それが爆発する恐れがあります。そういう状況を、いま非常に注意深くウオッチしていかなければなりません。

日本は異次元金融緩和によるゼロ金利政策で市場にお金をジャブジャブにしましたが、その結果はと言えば、マネーストックだけが積み上がって名目GDPは30年間フラットという状況です（図表22参照）。いくらお金を突っ込んでみても、いっこうに景気は良くならず、GDPはびくともしません。2年で物価上昇率2％を達成すると言っていた人が2期10年という史上最長の任期を全うしようとしているわけですが、私に言わせると、元・

図表22 安倍元首相の〝アベノミクス〟により黒田総裁が2013年4月に開始した〝アベクロバズーカ〟は、全く効果が出ていない

日米欧の政策金利の推移

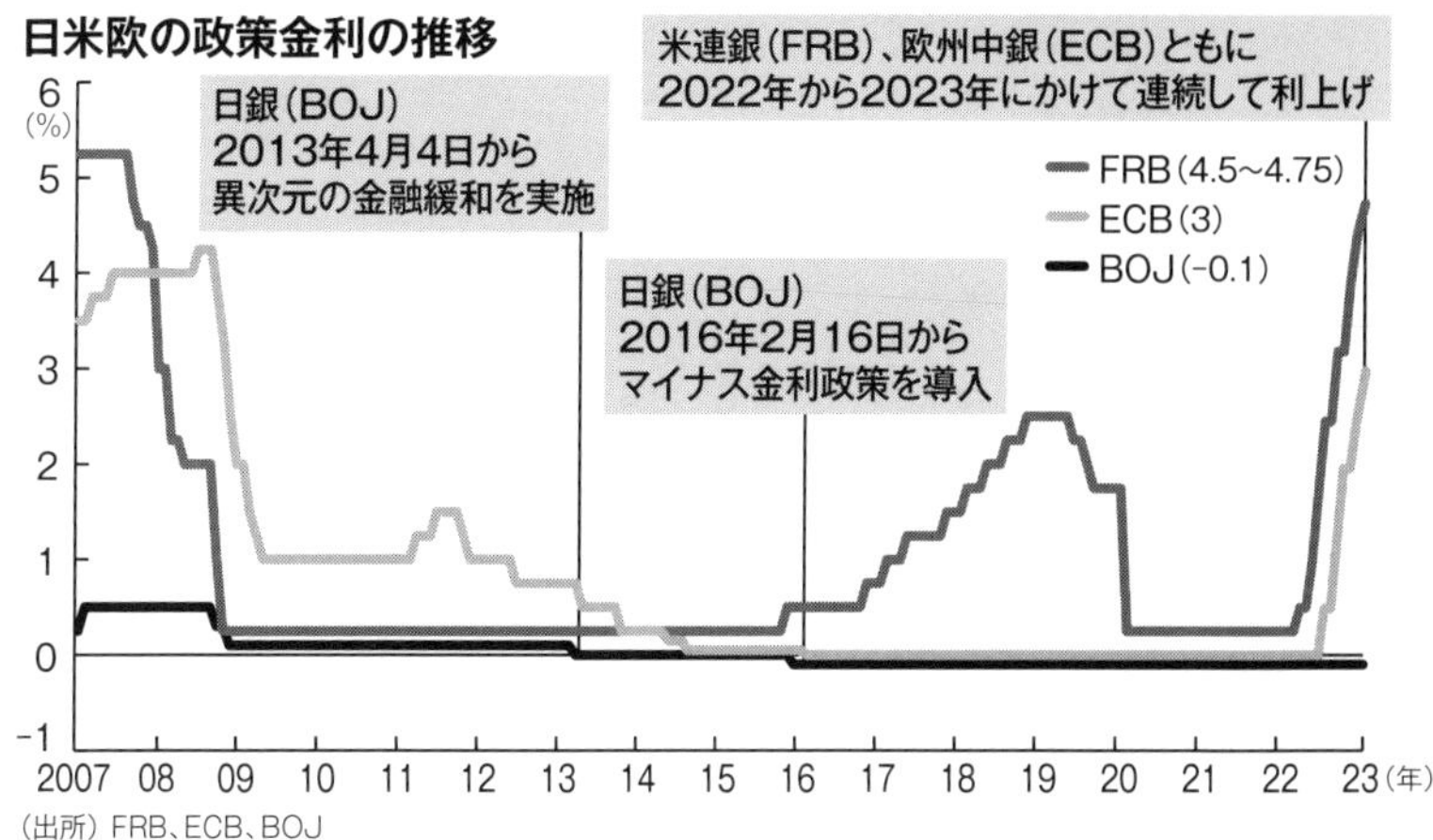

（出所）FRB、ECB、BOJ

マネーと名目GDPの関係

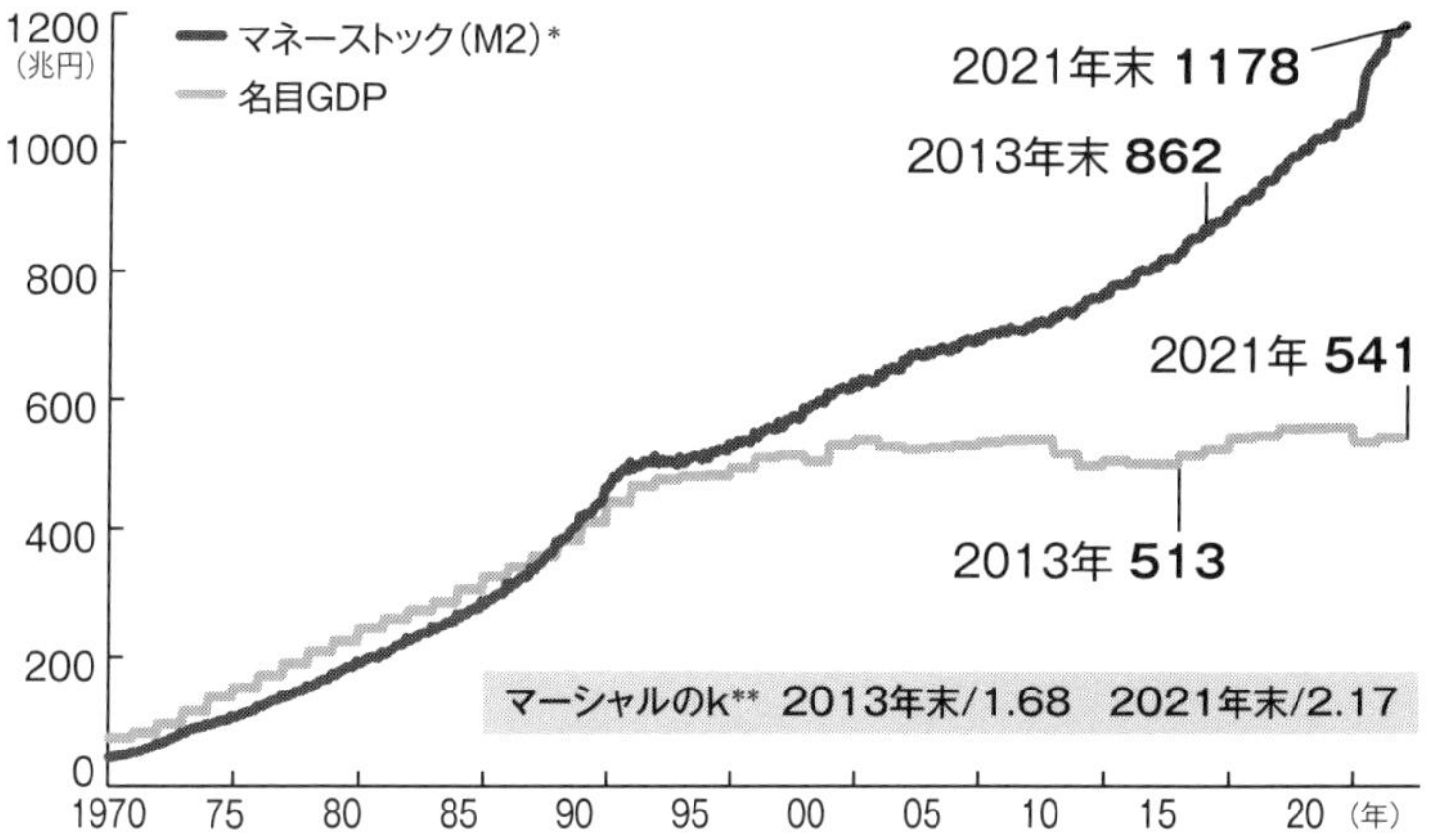

*M2＝現金通貨＋預金通貨＋準通貨＋CD　**マーシャルのk＝通貨供給量（M2）／名目GDP

（出所）内閣府「経済社会総合研究所」、日本銀行「時系列統計データ検索サイト」

秀才の黒田日銀総裁は21世紀の実体経済を何も見ていないということです。

21世紀型経済は国境内で完結しない

20世紀型のケインズ経済と21世紀型のボーダレス経済は何が違うのか？　ケインズ経済は、国境の中における「質量保存の法則」が働くという理論です。つまり、金利を下げてマネーストックを増やすと景気が良くなる。良くなりすぎたら、それを冷やすために金利を上げる、というやり方です。

一方、私が提唱しているボーダレス経済は、「質量保存の法則」が働かず、国境をまたいで世界全体でお金が出入りするという理論です。たとえば、ある国が金利を上げると、その国に世界中からお金が集まってきて景気が良くなる。実際、アメリカはクリントン大統領の時に金利をどんどん上げたので、そうなりました。その結果、彼は再選されました。

図表23のように、金利が低い国から高い国にお金を動かしただけで「利益」を得られるのが「キャリートレード」です。だから「円キャリー」や「ドルキャリー」という現象が起きるわけで、国の経済政策は他の国の金利に影響されるということです。

下がり続ける日本の「欲望水準」

私が若かった頃の日本は「高欲望社会」で、金利が5％以上でもお金を借りて家を建て、30年ローンを返済し終わった時は、払った金利のほうが元本よりも大きいということが当

図表23 ボーダレス経済では、金利を低くしてマネーストックをジャブジャブにしても、資金需要があるところに国境を越えて流出する

20世紀型経済と21世紀型経済の違い

	20世紀	21世紀
経済モデル	ケインズ経済	ボーダレス経済
マネーストック(M2)	マネーストックを増やすと国内経済が活性化	マネーストックを増やすと金利が高い国に流出
質量保存の法則	働く	働かない

キャリートレードの仕組み

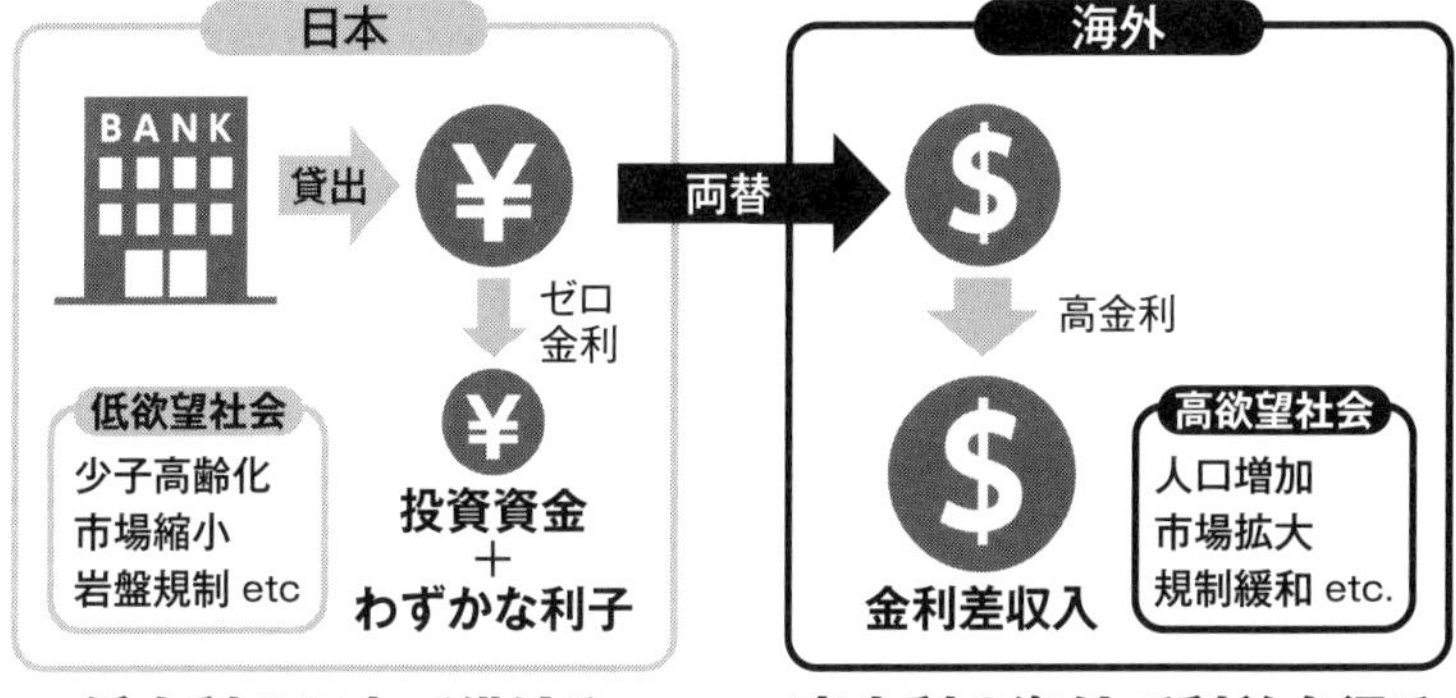

- ボーダレス経済では金利を低くしたら、金利の高い国がお金を借りる。
- お金を動かしただけで「利益」が発生する＝キャリートレード。
- 金利とマネーストックの調整では国家の経済はうまくいかない。

（出所）大前研一著『新・資本論』東洋経済新報社

たり前でした。1960年代初頭から1980年代は「答えのある時代」で、GDPの成長が5～10％、政策金利が4～9％、出生数が150万人から200万人、平均寿命が70歳という状況でした（図表24参照）。

それが1990年代から2010年代前半は「低欲望社会」「答えのない時代」になり、GDPの成長率が2～3％、政策金利が0～2％、出生数が100万～150万人に下がり、平均寿命は77歳に延びています。

そして「第4の波」の入り口に差しかかった今は「無欲望社会」になりつつあります。政策金利がマイナス0・1％で、出生数が80万人を下回り、平均寿命は男性82歳、女性88歳です。しかも、米中対立、新型コロナ禍、ウクライナ戦争、インフレ、原油高などで、かつてないほど不安が増加しているという状況です。

要するに、政府の異次元金融緩和という金融政策が全く効かない理由は、国民に欲望がないからです。経済は、欲望に大きく左右されます。欲望があれば、人々はモノを買い、サービスを利用するので経済が拡大します。しかし、欲望がなかったら何もしません。政府は、日本人の国民性が大きく変わってしまったということを理解しなければなりません。

「老後2000万円問題」とは何だったのか

「人生100年時代」を迎え、高齢の夫婦（2人世帯）は年金だけでは老後資金が2000万円不足する——。2019年6月、そういう報告書を金融庁が出したのをきっかけに、

図表24 **日本もかつては高欲望(=高い資金需要)だったが、今では欲望がなくなったため、政府の金融政策が全く効かない**

日本社会の欲望水準イメージ

高欲望社会

1960年代初頭～1980年代

答えのある時代

主要産業	製造業
GDP	年率５～10%
政策金利	４～9%
出生数	150万～200万人
平均寿命	70歳～

不安要素が少ない
高度・安定成長期
伊豆高原、越後湯沢、蓼科などの別荘が飛ぶように高額で売れた。
マイホームブーム
第２次ベビーブーム

低欲望社会

1990～2010年代前半

答えのない時代

主要産業	IT産業
GDP	年率２～３%
政策金利	０～２%
出生数	100万～150万人
平均寿命	77歳～

不安要素が増加
バブル崩壊
デフレ経済
少子高齢化
リーマンショック
東日本大震災

無欲望社会

2010年代後半～

答えのない時代

主要産業	AI、IoT
GDP	マイナス成長
政策金利	−0.1%
出生数	81万～100万人
平均寿命	82歳～

かつてないほど不安が増加
米中対立
新型コロナウイルス
ウクライナ問題
インフレ、原油高

（出所）BBT大学総合研究所

いわゆる「老後2000万円問題」が巻き起こりました。

ですが、調べてみると、世帯主が65～69歳の2人以上世帯の平均金融資産額は2252万円もあります。単身世帯の男性は1552万円、単身世帯の女性は1506万円です。だから実際には、高齢者の大半は問題ないんですね（図表25参照）。

また、老後資金が2000万円不足するという試算は、現在60歳から65歳の人が、厚生年金を受給して95歳まで生きると仮定した場合です。実際に日本人で95歳まで生きる人は4人に1人しかいませんし、約半分の人は65歳までに2000万円以上のお金を貯めています。

では、この問題に対してどう対処すればいいかというと、実際に老後資金が足りなくなると考えられるのは、国民年金だけを受給している人など限られた高齢者なので、その人たちについては国がきちんと面倒を見るから安心してください――そう政府がアナウンスすれば、大きな混乱は起こらなかったはずです。

悲観的な国民を〝脅す〟政府

ところが、政府はそうした説明をしなかったので、日本人はこの報告書を読んで悲観的になり、「『人生100年時代』における老後の生活をどのように捉えていますか？」という質問に対し、「悲観的」と答えた人が61・1％にも達しています。「長生きできて嬉しい」とは言わないんですね。しかも、年代別では30代が64・5％で最も多く、20代でも

図表25 65～69歳世帯の金融資産は2252万円もあるため、実際は高齢者の大半は老後資金に問題がない

世帯主が65～69歳の平均金融資産額

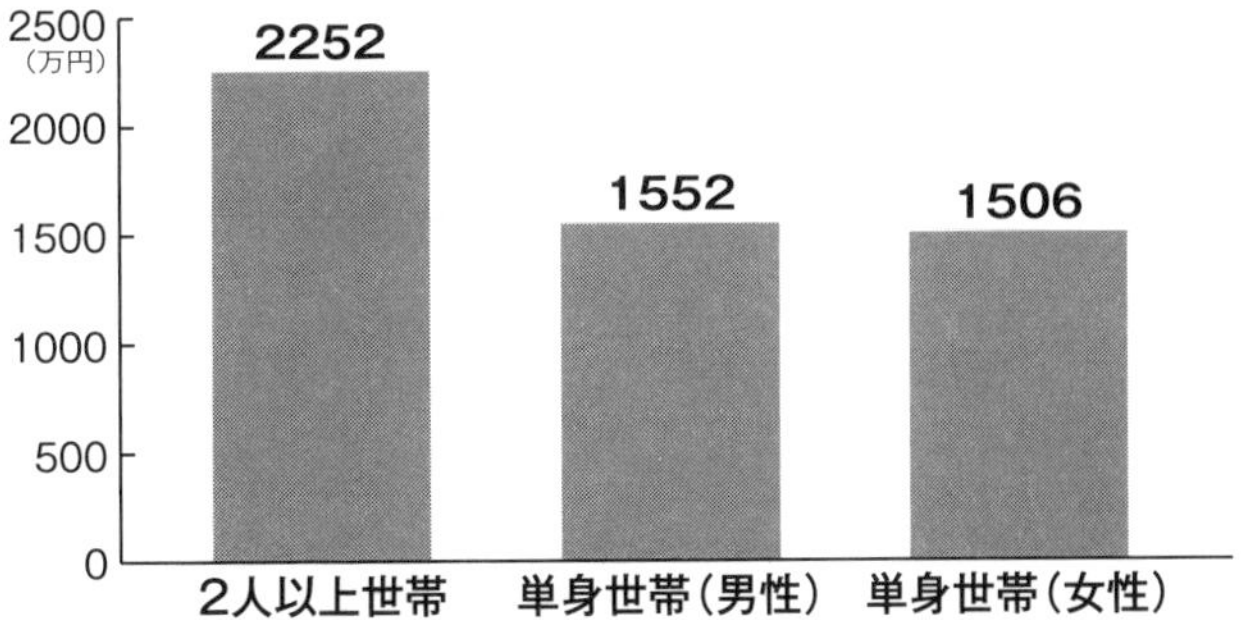

（出所）金融庁「高齢社会における資産形成・管理」

図表26 日本人は「人生100年時代」の老後生活を悲観的に捉えており、100歳まで生きたいと思わない人が約8割と多数である

人生100年時代に関する意識調査

Q:「人生100年時代」における老後の生活をどのように捉えていますか？

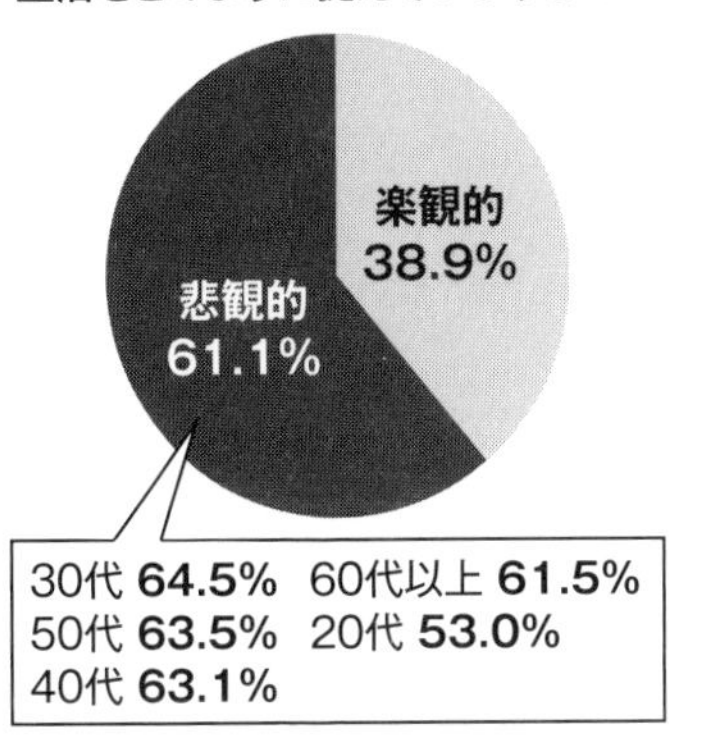

Q:「人生100年時代」において、あなたは100歳まで生きたいと思いますか？

とてもそう思う 6.4%
そう思う 14.8%
全くそう思わない 36.9%
あまりそう思わない 41.9%
そう思わない 合計78.8%

（出所）アクサ生命保険「人生100年の歩き方」
調査期間：2018年6月20日～26日、調査対象者：20～60代男女1000人

53・0％。若い頃から悲観的にならないでほしいと思いますが、これが日本の現実です（図表26）。

さらに「『人生100年時代』において、あなたは100歳まで生きたいと思いますか？」という質問には、なんと78・8％の人が「そう思わない」と答えています。これまた珍しい国民だと思います。

それほど将来不安を抱えている国民であるにもかかわらず、政府が「あなた、長生きするつもりなんでしょう？　それじゃあ2000万円では足りませんよ」と脅すんです。こんな政府、ありますか？　もうちょっと噛み砕いて国民の実情に合った提言をするべきなのに、かえって不安を煽っているわけです。

若い世代ほど「老後が心配」

日本人は、若い頃から老後の備えを考え始める傾向があります（図表27参照）。内閣府の調査によると、老後の生活設計を考えたことがある人は18〜29歳が32・5％、30〜39歳が58・2％、40〜49歳が69・2％と、早くから将来を心配しています。

老後の生活設計を考えた理由は「老後の生活が不安だから」というのが、18〜29歳が48・0％、30〜39歳が51・5％、40〜49歳が54・7％で、50歳以上よりも多いんです。だから、若い人たちも消費を控えて貯金に励むようになっている、という状況です。

政府は新型コロナ対策として特別定額給付金10万円を全国民に配りましたが、その42・

図表27 日本人の大半が老後の生活設計を考えており、その理由は「老後の生活が不安だから」が最も多くなっている

日本人の不安に関する意識調査

Q：老後の生活設計を考えたことの有無

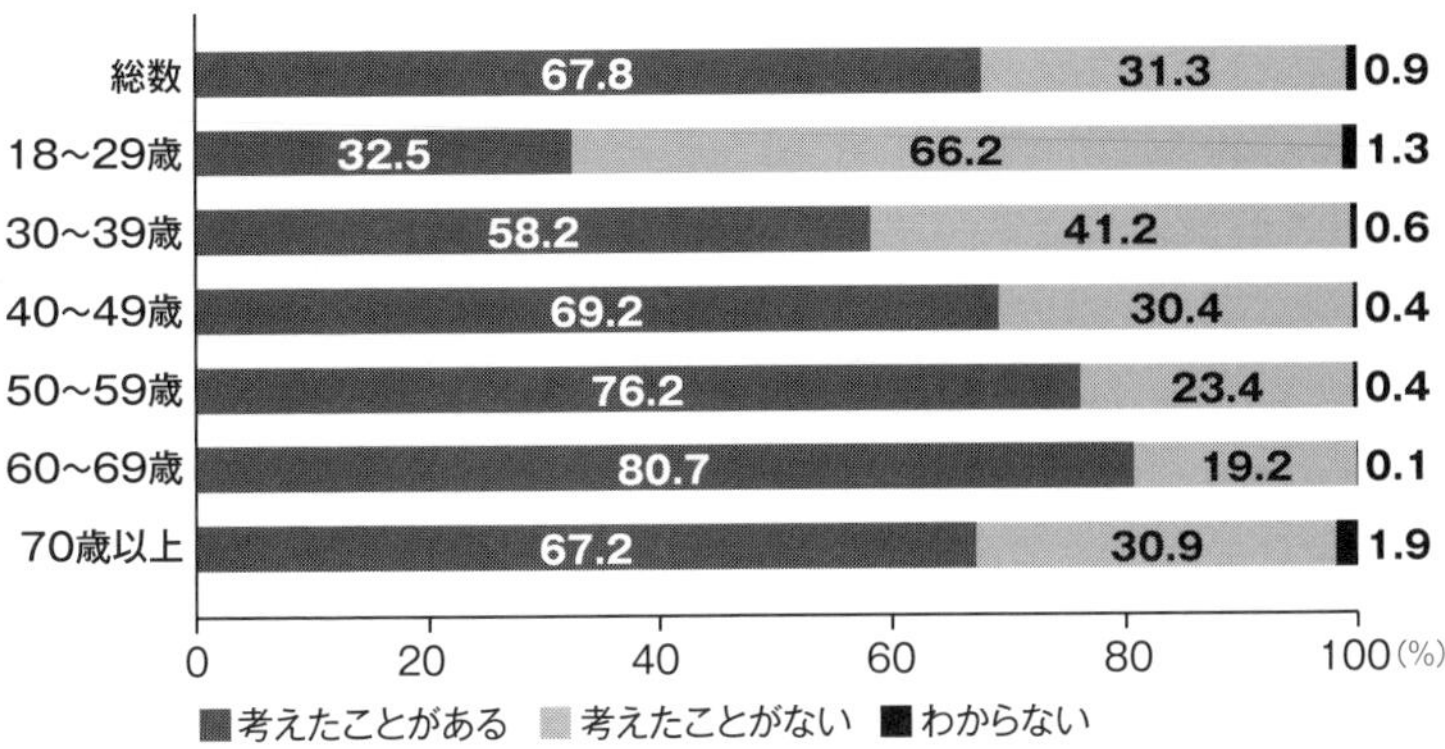

Q：老後の生活設計を考えた理由

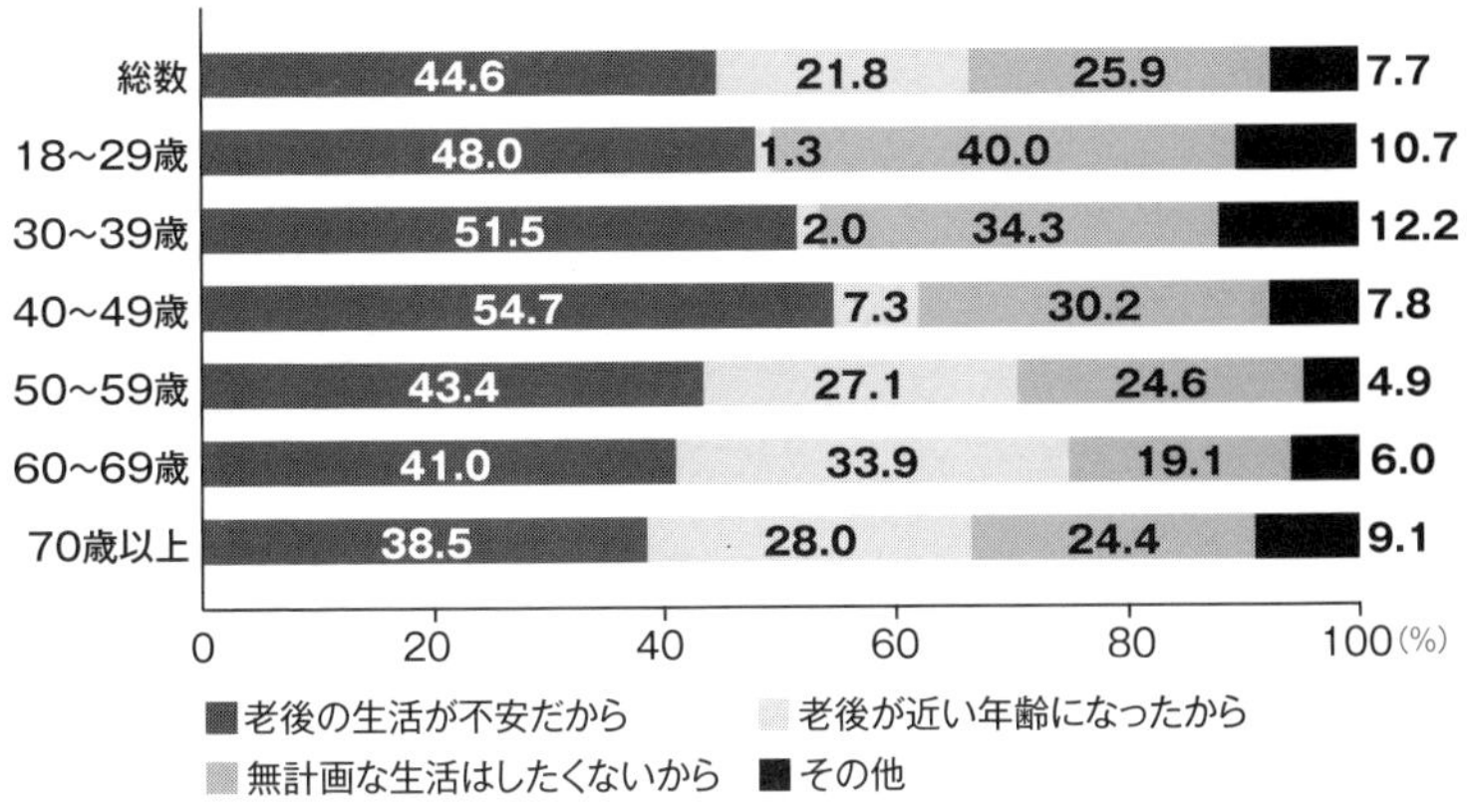

（出所）内閣府「老後の生活設計を公的年金に関する調査」期間：平成30年11月1日～11月18日、母集団：5000人

7％は貯金されています。そして、日銀の「資金循環統計」で家計の資金の過不足を見ると、ここ40年のうち39年は過剰——つまり、家計の資金は余っているんです。だから、いまや個人金融資産が2000兆円を超え、しかも半分の1000兆円余りは預貯金と現金で持っているという状況になっています。それが「円キャリー」で海外に流出し、貧しい国が使ってくれているわけで、世界に最も貢献しているのは日本、ということになります。

ゼロ金利で「預ける日本人」「使うアメリカ人」

日本は「低欲望社会」になったために、個人金融資産の多くが銀行に預けられています。一方で、図表28のように、国内の銀行の預金と貸出残高の推移を見ると、預金がどんどん増えているのに対して、貸し出しはあまり増えていません。その差額で銀行は国債を買い、さらにそれを日銀が買い入れているわけです。

先ほども述べたように、日本の個人金融資産2000兆円のうち現預金が1000兆円を超えています。しかし、この1000兆円は定期預金に入れておいても、金利は雀の涙ほども付きません。1億円を1年間預けても、ラーメン1杯分ぐらいの利息しか付かないのに、なぜか多くの日本人が銀行に預けています。では、ほかに金融資産を増やす方法があるかと言えば、株や投資信託などでも損をしている人が多いというのが日本の現状です。

それで、国内家計収入と消費支出の増減率推移を見ると、新型コロナ対策の特別定額給付金10万円は、ほとんど消費につながっていないことがわかります（図表29参照）。

図表28 低欲望化した日本では、金利ゼロでも借りずに預金する人が増え続けている

国内銀行の預金と貸出残高の推移

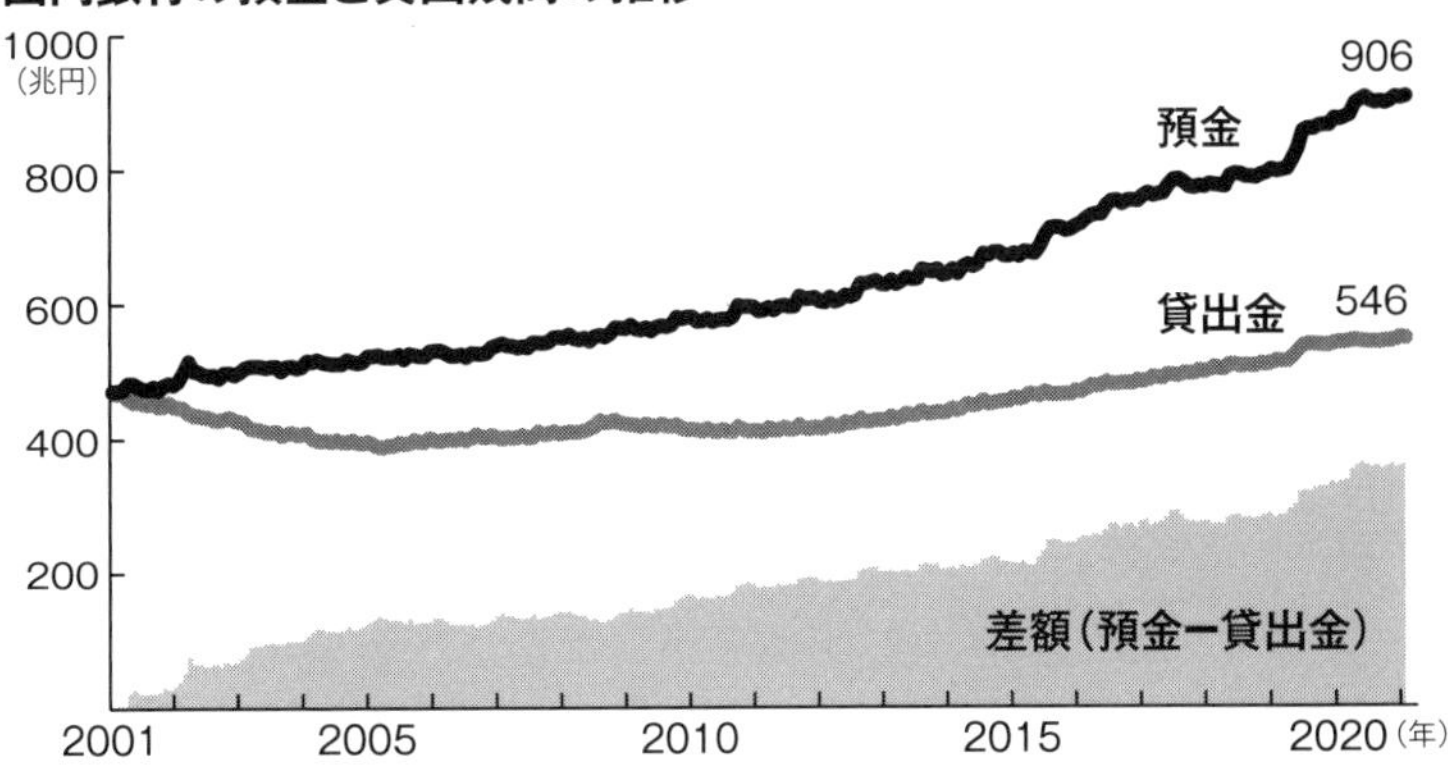

(出所)日銀「預金・現金・貸出金(国内銀行)」

一方、アメリカは同じようなことをやると、すぐに消費が伸びるんです。新型コロナ対策で、2021年1月に1人あたり600ドル(当時の為替レートで約6万3000円)、同年3月に1人あたり最大1400ドルの給付金を支給しましたが、その結果、当時のアメリカはゼロ金利政策だったこともあって、大建設ブームが起きました。日本が2年前に木材不足になったのは、その影響です。アメリカ人の場合、お金に余裕があったら、必ずと言っていいほど住宅を買います。それで、アメリカで建設ブームが始まったために、日本に木材が来なくなってしまったんです。

リタイア後に金が余っている日本人

日本の場合は、35年間金利が変わらない「フラット35」という素晴らしい住宅ロー

図表29 **日本人は、現金給付が行なわれても消費せずに貯めるが、アメリカでは給付金支給が消費喚起に直結する**

国内家計収入と消費支出の増減率推移（前年同月比）

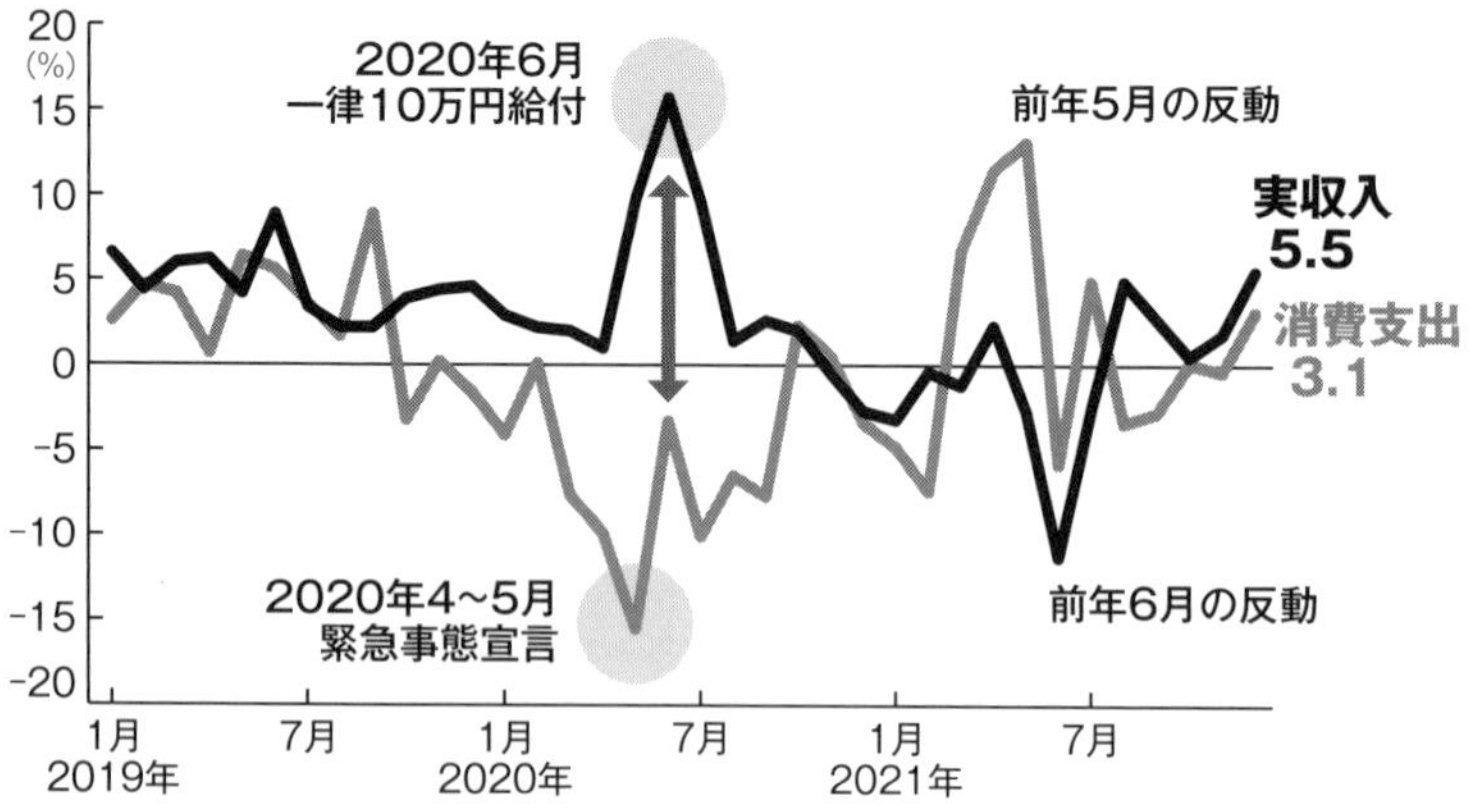

（出所）総務省「家計調査」2人以上勤労世帯

アメリカ小売売上高の推移

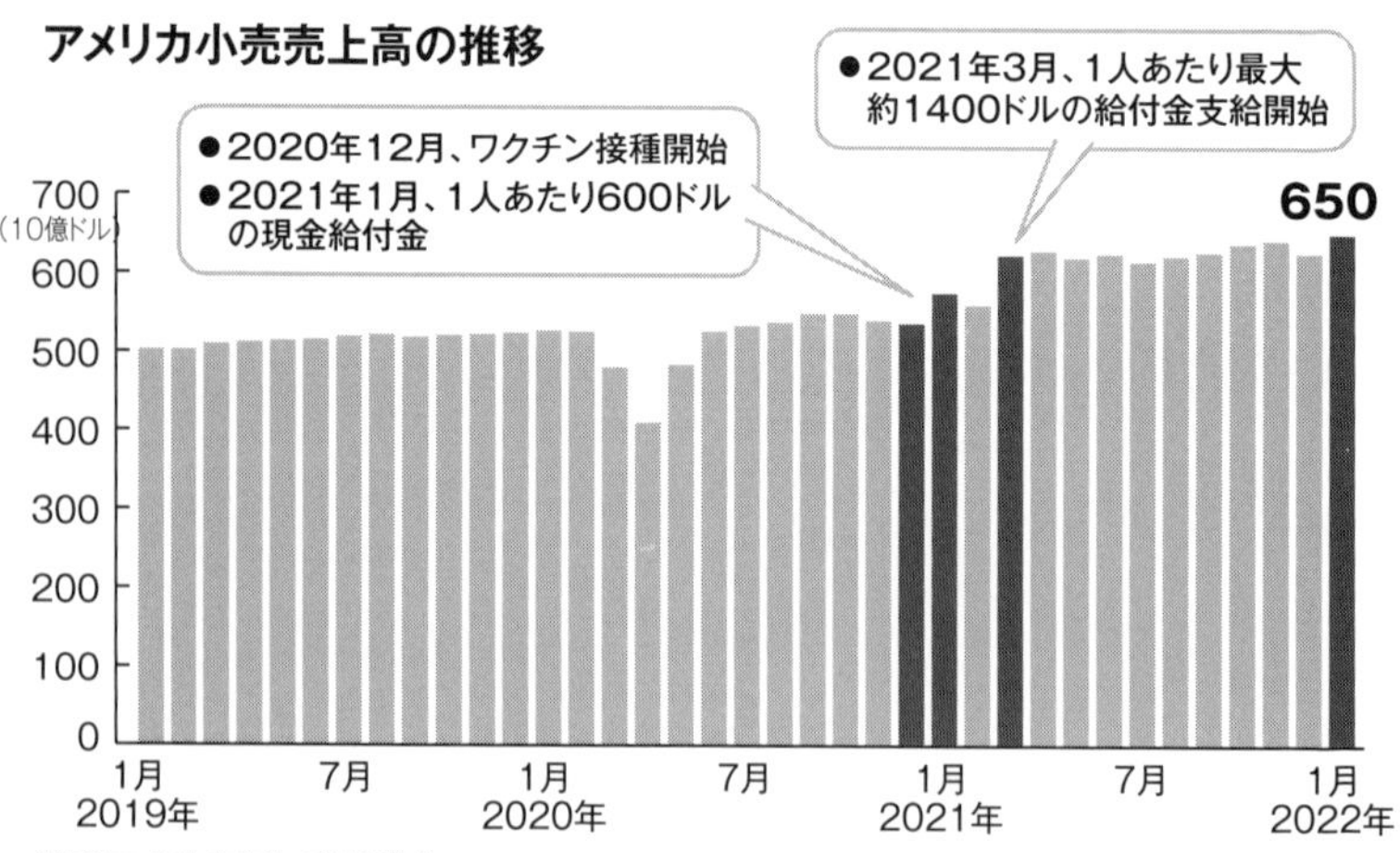

（出所）アメリカ商務省、季節調整値

図表30 日本では低金利でも住宅ローンの貸し出しに変化がないが アメリカでは低金利になれば住宅ローンが増加する

日本の住宅ローン新規貸出額の推移

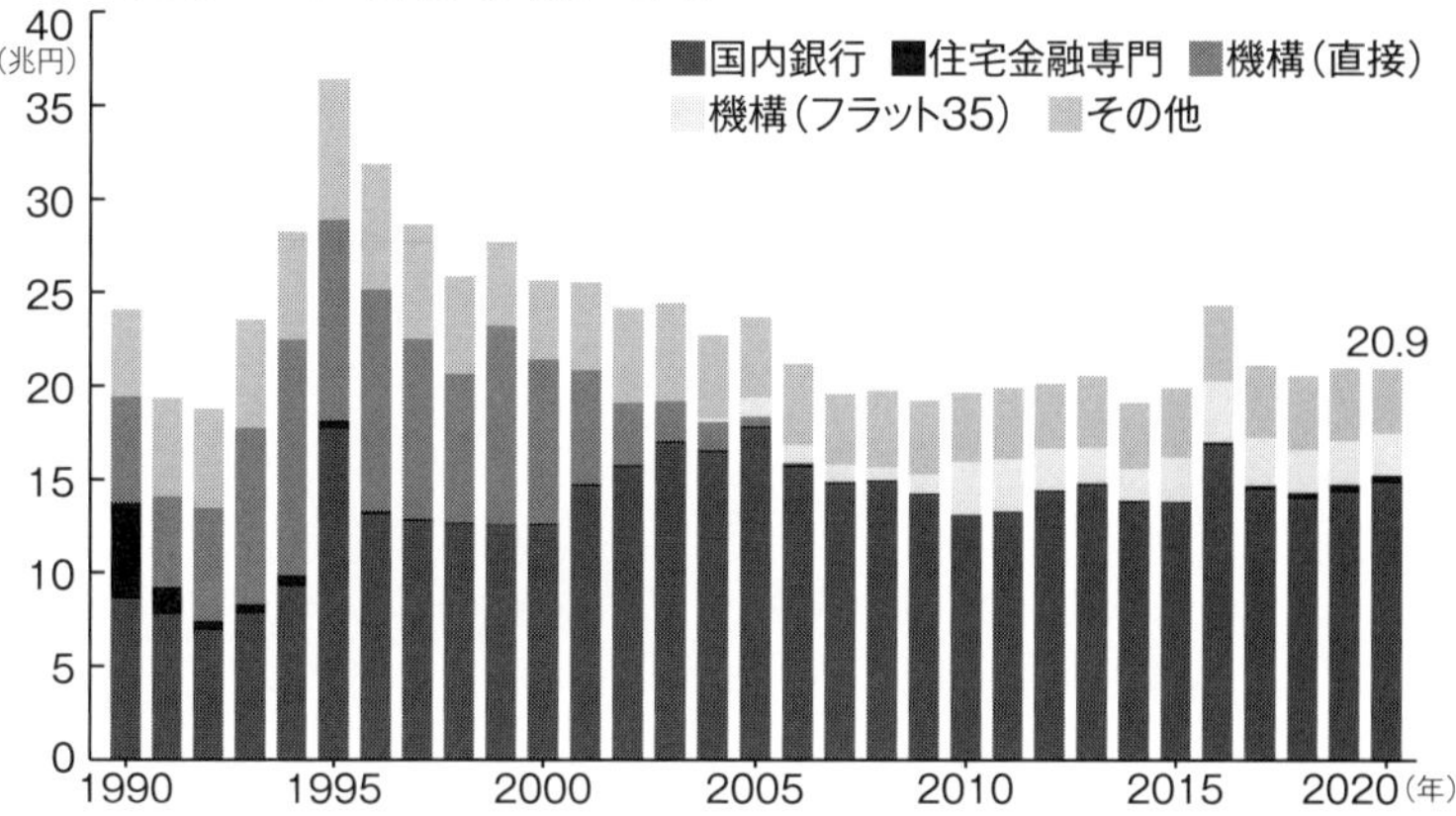

（出所）住宅金融支援機構「業態別の住宅ローン新規貸出額及び貸出残高の推移」より

アメリカ住宅ローン新規貸し出しの推移

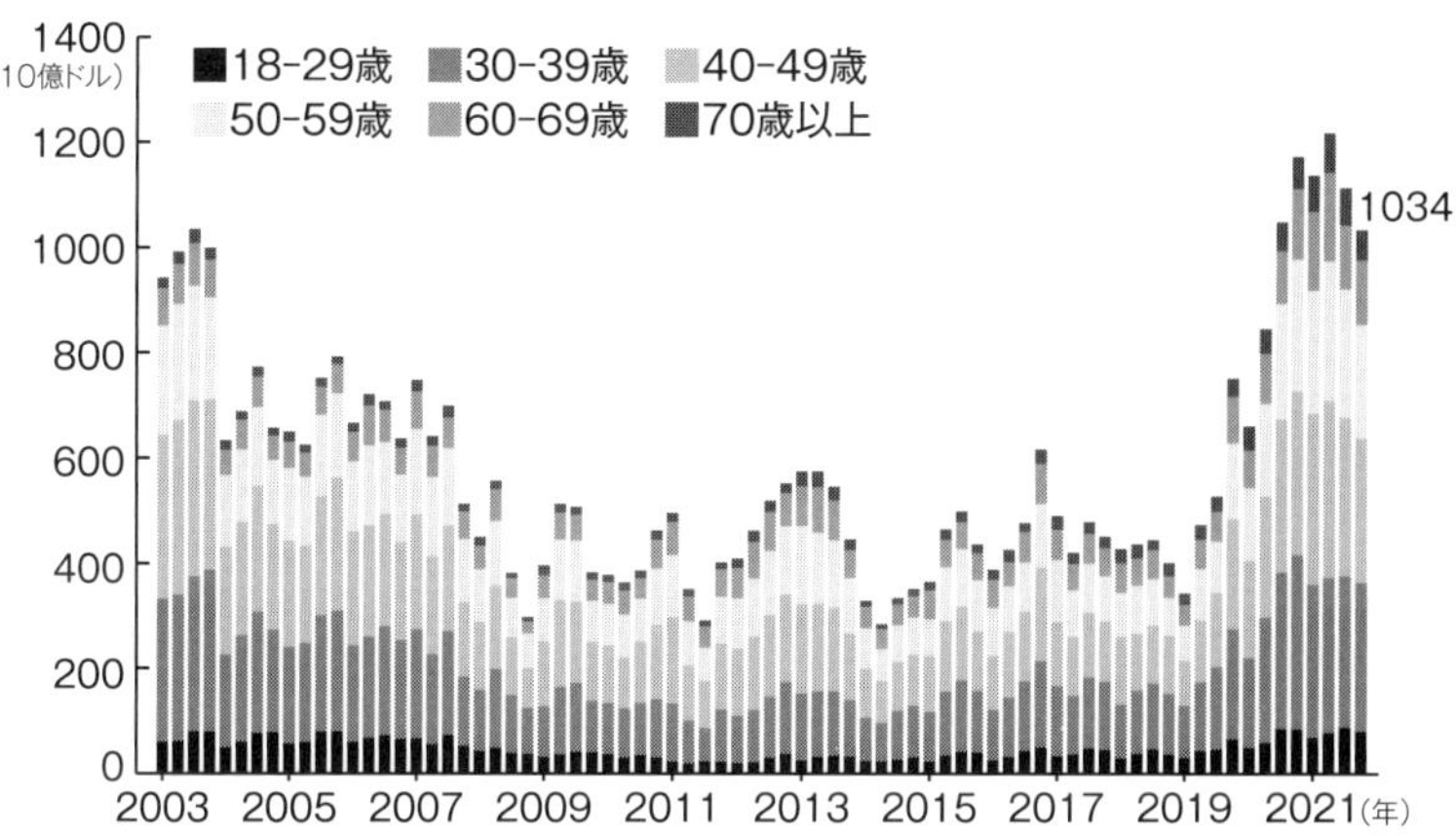

（出所）Federal Reserve Bank of New York

ンがあっても、ほとんど反応しません。魚はいるのに、釣り糸を垂れない。かたやアメリカは金利を下げたら、あらゆる年齢層で新規貸し出しが増えています（図表30参照）。これが「低欲望社会」と「高欲望社会」の違いです。

では、なぜ日本人は欲望がなくなったのでしょうか？　戦後、政府に質素倹約と貯蓄を奨励された結果、多くの人はリタイア後にお金が余るようになりました。ところが、老後が不安だから、それを後生大事に抱え込み、使わないで地味に暮らしています。だから、日本人は死ぬ時に平均３０００万円以上の資産を持ったまま墓場に行くんです。

そのことに最後に気がついて旅行して使おうと思っても、もう海外に出かける元気はない。したがって、ＪＲ九州「ななつ星 in 九州」などのクルーズトレインに乗り、３泊４日で１人１００万円以上、夫婦２人なら２００万円以上も払っているんです。降りる時に「非常によかった」「感動した」と言って次回の予約をする人が10人に１人いるそうですが、博多でハイヤーを雇って夫婦で行きたい観光地や温泉宿、レストランを３泊４日で巡っても50万円ほどで済むと思うので、実にもったいない話です。私はこれを〝やけくそ消費〟と呼んでいます。

日本人が禁句にすべき2つの言葉

日本では、国民に対して禁止すべき言葉が２つあると思います。

１つは「狭いながらも楽しい我が家」です。この言葉が流行したのは昭和の初め頃で、

図表31 **日本の住宅は世界水準から見ると〝狭い〟が、日本人の大半が現状の住生活に満足している**

住宅1戸あたりの平均床面積

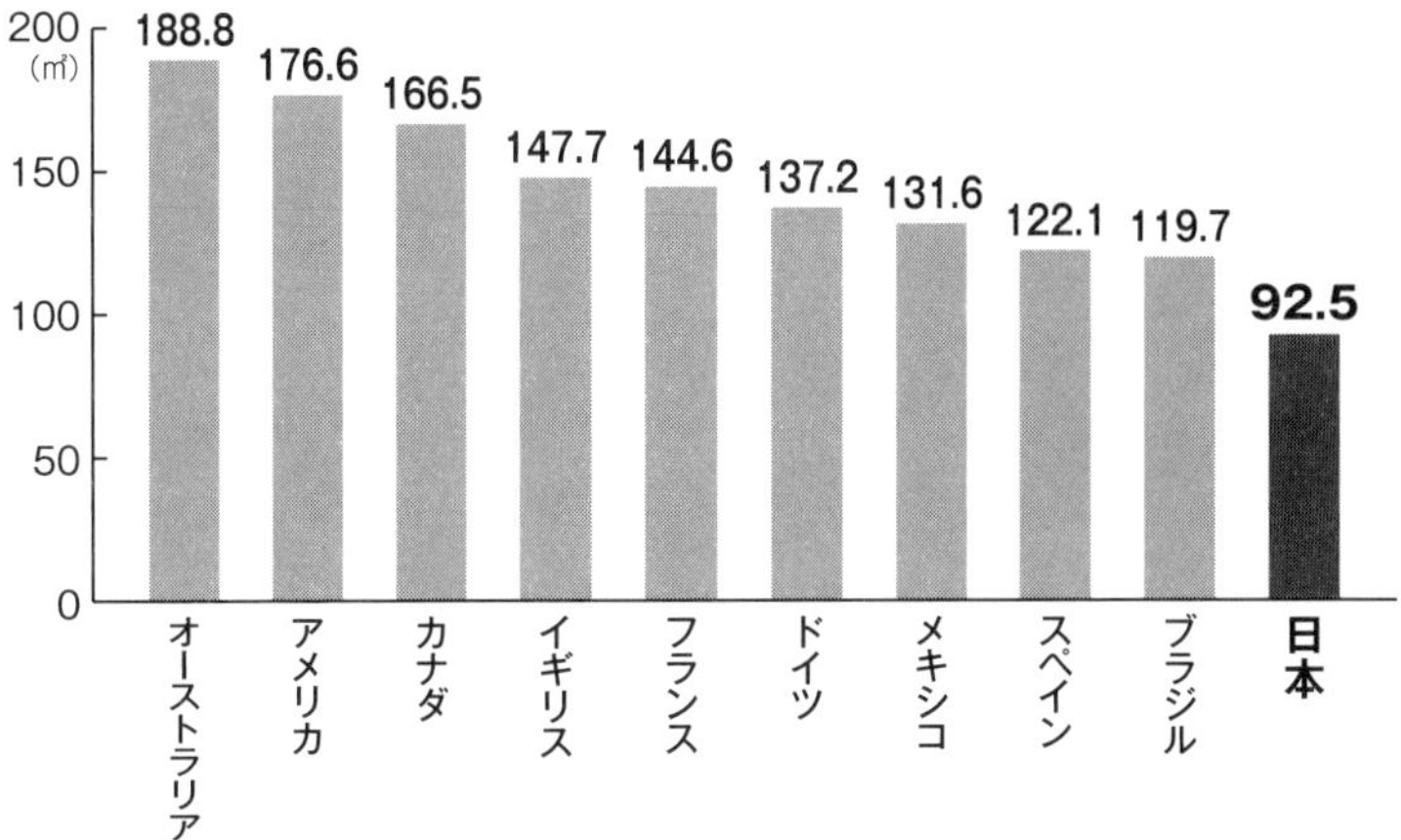

（出所）国土交通省「住宅·土地統計調査」、Point2 Homes

日本人の住生活に対する満足度

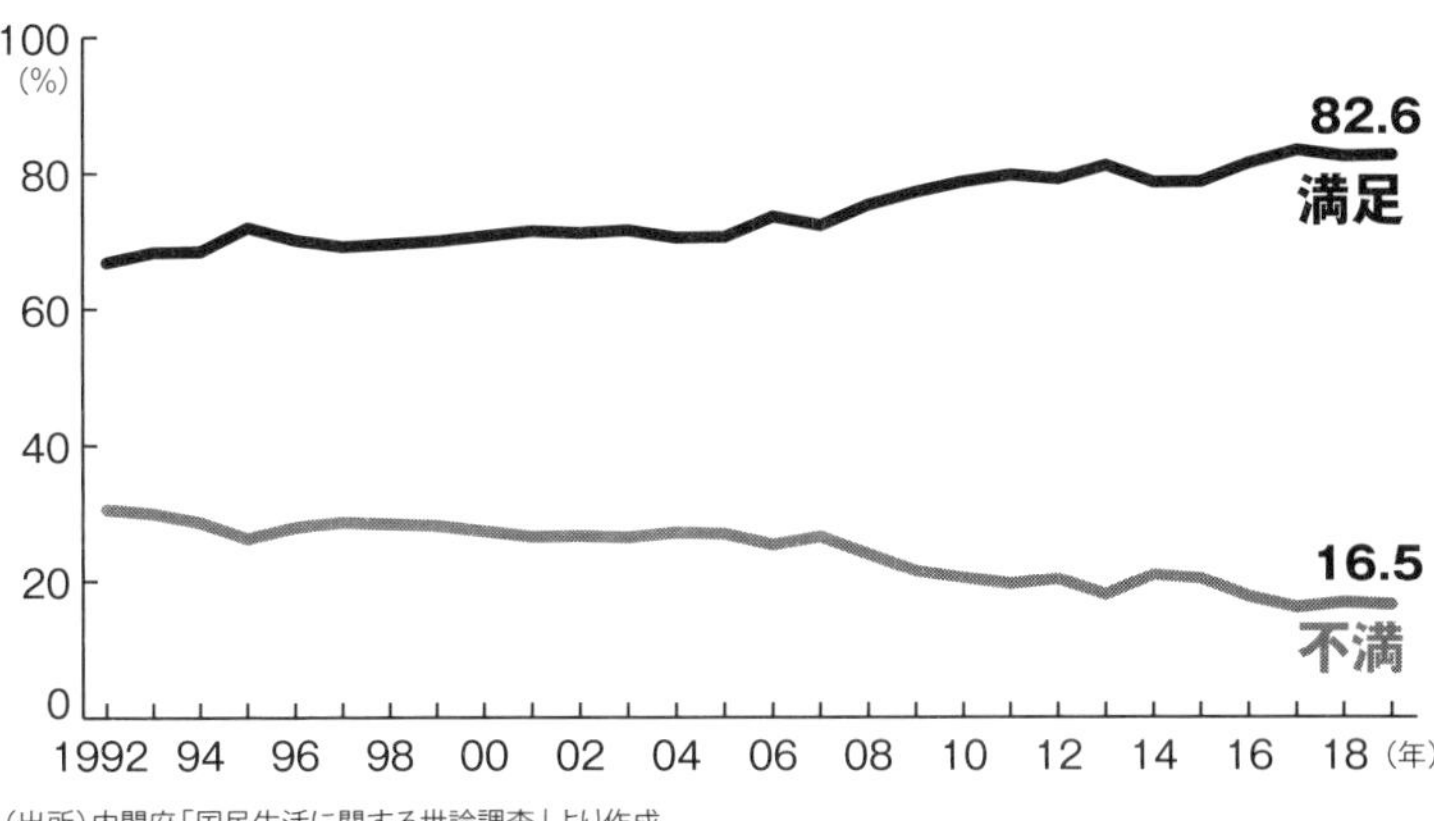

（出所）内閣府「国民生活に関する世論調査」より作成

当時は日本の国全体が貧しい時代だったんですね。でも、高度経済成長を経た今では、家は広いほうがいいに決まっています。テレワークが増えてきたら、狭い家の中を見られるのが恥ずかしいというので、〝なんちゃって書斎〟といって、少しでも画面の映りを良くしようと工夫する人が増えたというニュースがありましたが、実際に広い書斎があれば、それに越したことはありません。

日本の場合、住宅1戸あたりの平均床面積は92・5㎡ですが、アメリカやオーストラリアは2倍近い180㎡前後です（図表31参照）。個人金融資産が2000兆円以上もありながら、いわゆる〝ウサギ小屋〟の住環境に不満を持っている人はあまりいないようです。私は不思議でなりません。

もう1つは「終の住処（ついのすみか）」。アメリカ人の辞書に「終の住処」なんていう言葉はありません。お金に余裕があったら、もう1軒、もう1軒と住宅を買います。なぜなら、住宅は借金をして買っても値上がりするし、すぐに売れる〝貯蓄〟だからです。だから、先述のようにアメリカの場合は金利が低くなると、一気に建設ブームになります。

アメリカ人のライフ&マネープラン

アメリカ人は、若い時からライフプランとマネープランを設計し、まず職場の近くにローンを組んで家を買います（図表32参照）。そして、ファミリーバケーションで温暖な南の地域を旅行し、リゾート地で定年後の理想の住まいを探します。気に入った物件があれ

図表32 アメリカ人は、ライフプラン／マネープランに基づいた住宅投資を行ない、温暖な地域に移住しハッピーリタイアしている

アメリカ人の典型的なライフプラン（マネープラン）

資産額

若年代からライフプランおよびマネープランを設計

職場の近くにローンを組んで家を買う

バカンスは温暖な南の地域を訪れながら定年後の理想の住まいを探す

良い物件があれば、ローンで購入、普段は人に貸し、賃料をローン返済に充てる

定年時には職場近くの家を売却、その現金で南の家のローンを完済

定年後は理想の住環境で、資産を取り崩しながら生活
Happy Retire!

30代 ＞ 40〜50代 ＞ 定年世代

（出所）大前研一著『心理経済学』講談社

アメリカの家計年代別純資産（2019年）

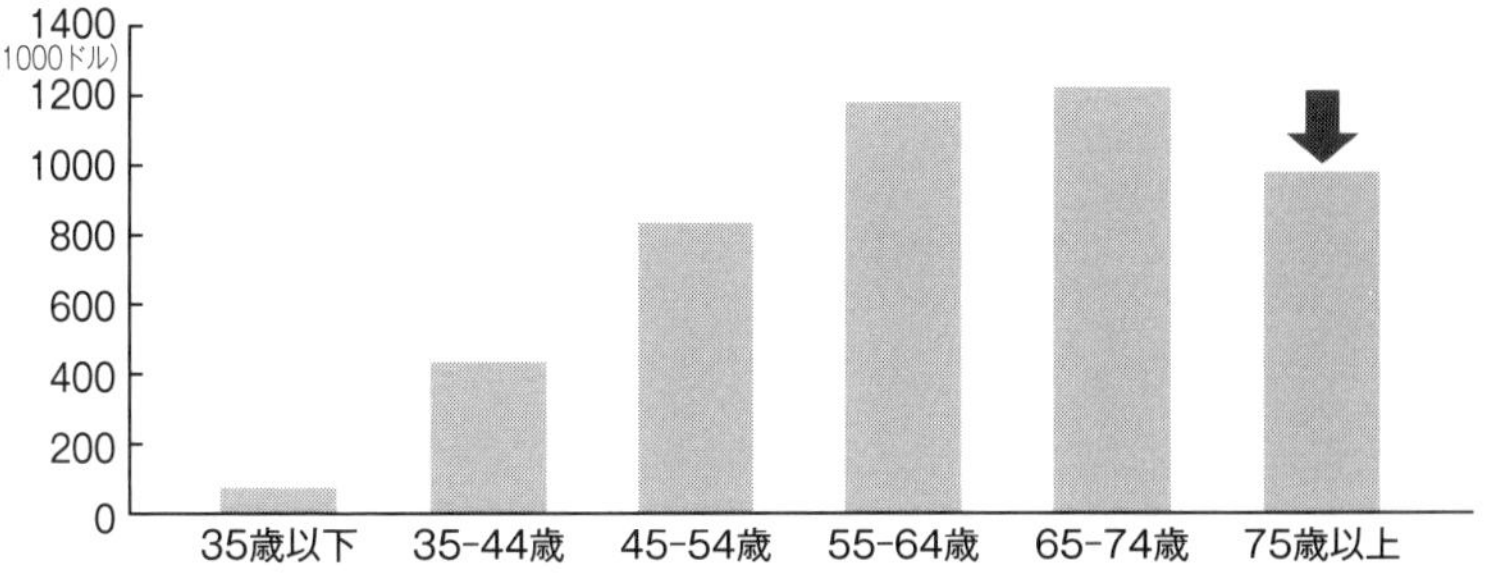

アメリカ人の住宅イメージ　**1軒目** 仕事で北部の都市に住む ＞ **2軒目** 購入して貸し出す ＞ **3軒目** リタイア後は温暖な地域に移住

（出所）FRB「Financial Accounts of the United States」

ばセカンドハウスとして購入し、人に貸して賃料をローンの返済に充てます。

退職したら、それまで住んでいた職場近くの家を売り、ローンの返済が終わっているセカンドハウスに移り住んで、金融資産を取り崩しながら悠々自適の生活を送ります。私が知っているアメリカの部課長クラスの人たちは、みんなそうしています。それがアメリカ経済を拡大する原動力の1つになっているんです。日本の学者の中には、アメリカ人は借金ばかりで日本人のほうが貯蓄が多いという意見を持っている人もいますが、アメリカ人の借金はすぐ貯蓄になるという、この仕掛けがわかっていないわけです。

イタリア人の老後はバケーション三昧

日本の世帯主の年代別貯蓄額を見ると、60代までは歳を取れば取るほど貯まっていきます（図表33参照）。ところが、現役時代はモーレツ社員でやってきて、くたびれきって引退したので、大半の人はリタイア後は活発に動きません。貯金を使って人生を楽しめばいいのに、犬の散歩やハイキング、登山など、お金がかからないことしかしない。

一方、イタリア人はみんな「死ぬ時に貯金がゼロだったら人生は大成功だ」と言います。だからリタイア後はバケーション三昧（ざんまい）の日々を送ります。1ユーロでも残したら悔やむ。「予定より長く生きたらどうするのか？」という質問をすると、「その時は年金で食べていく」と答えます。そうなっても、それまでに十分楽しんでいるから、「La dolce vita（ラ・ドルチェ・ビータ）」——「私の人生は良かった」と言えるわけです。

図表33 日本人は高齢者ほど資産リッチで死ぬまでお金を貯め込むが、イタリア人はお金を使って人生を楽しんでいる

日本の世帯主年代別 貯蓄額（2020年）

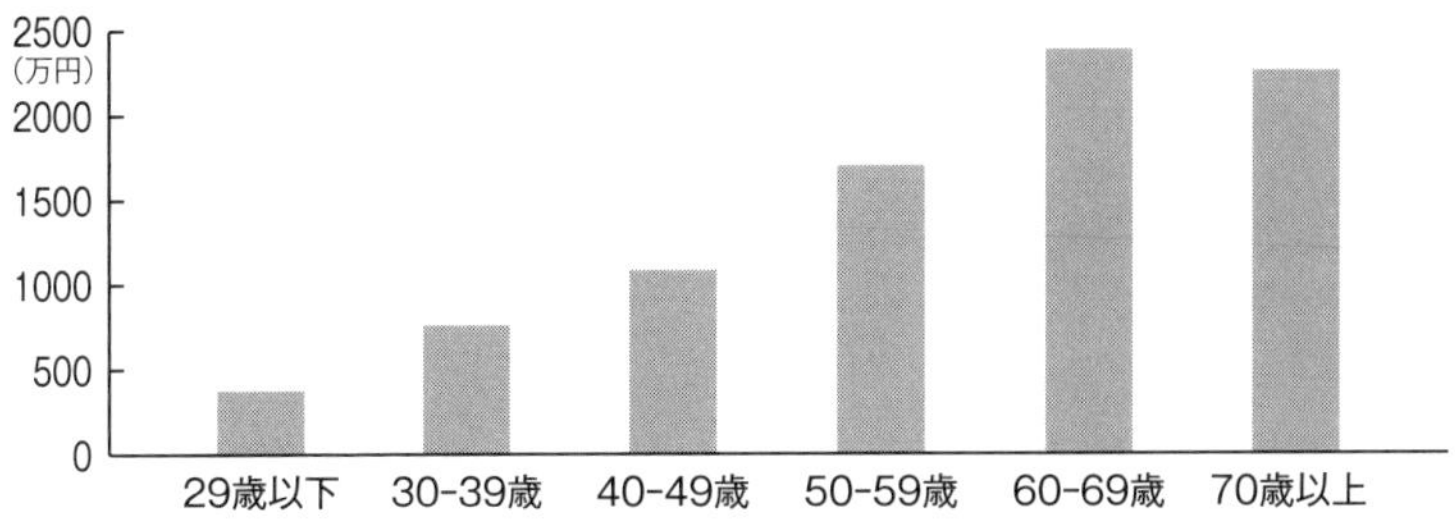

- モーレツ社員でやってきて、くたびれきって引退したので活発に動かない。
- 貯金ばかり考えて育ったため、犬の散歩や登山など、お金がかからないことをして過ごす。
- 日本人の貯金額が最大になるのは死ぬ時。

（出所）総務省「家計調査報告（貯蓄・負債編）」2020年

イタリアの年代別 金融資産（2020年）

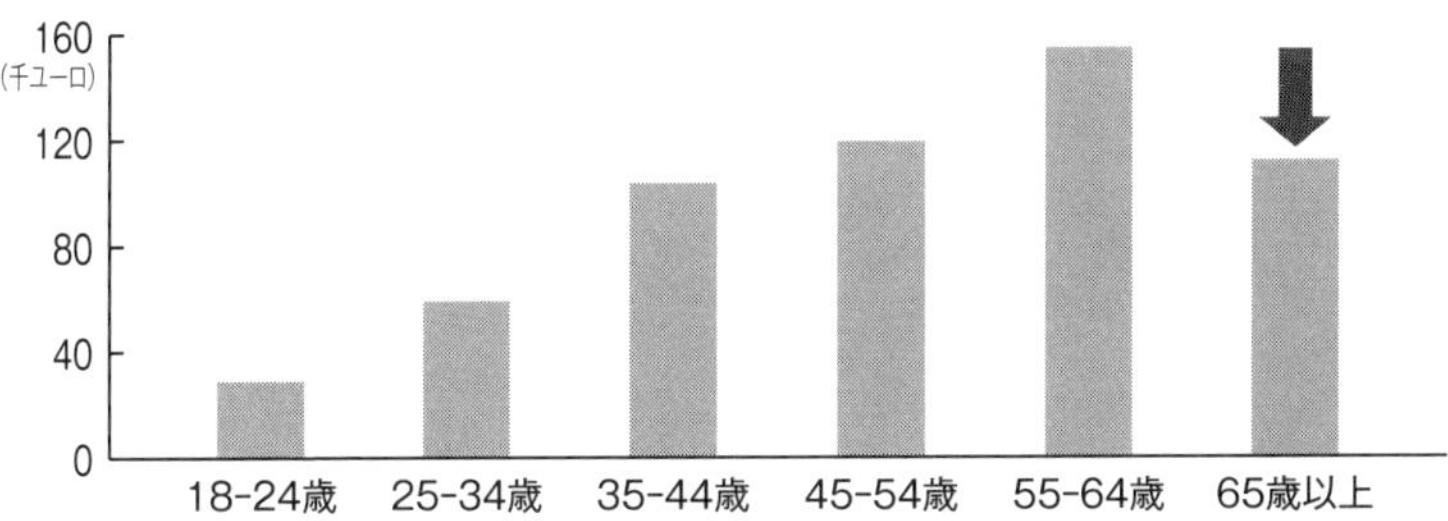

- イタリア人は、死ぬ瞬間に持っているお金がなくなるように使う。
- 死ぬ時にお金が残っていたら悔やむくらい、バケーションなどにお金を使って人生を楽しんでいる。

（出所）インテーザ・サンパオロ銀行

日本の場合、40年くらい前のアンケートでは「残したものを子孫に」という人が8割以上でした。しかし、今、そういう人はほとんどいません。子孫が自分の財産を狙っていると思うから、誰に残すかということを最後の最後まで決めない。そうすれば、もしかしたら死ぬまで面倒を見てくれるかもしれないからで、これを〝家庭内抑止力〟と言います。遺産を誰にも譲らずに死んだり、最後まで面倒を見てくれた介護士や看護師に配ったりするケースもあります。この問題で、日本の家族はけっこう分断している。「最後は金目でしょ」ということですね。

どんどん「無趣味」になっている日本のシニア

60代の趣味への意識、これが大きな問題です。

図表34をご覧ください。日本のシニアはどんどん無趣味になっています。また、1人でやる趣味が主流です。しかも、ランキングは1位が旅行、2位がテレビ視聴、3位が園芸・ガーデニング、4位が読書、5位が散歩・ウォーキングです。テレビ視聴は趣味とは言えないと思いますが、それが2位というのは情けないですね。

私はアメリカの南部に接するメキシコのバハ・カリフォルニアというところでクルーズ旅行をしたことがありますが、アメリカの高齢者たちがたくさん、自分の船でロサンゼルスやサンフランシスコからやってきて1～2か月単位で滞在し、ダイビングや釣りをエンジョイしていました。彼我の差は、あまりにも大きいですね。

図表34 日本のシニアはどんどん〝無趣味〟になっており、〝1人でやること〟や〝屋内で楽しむこと〟が趣味の主流である

60代の趣味への意識

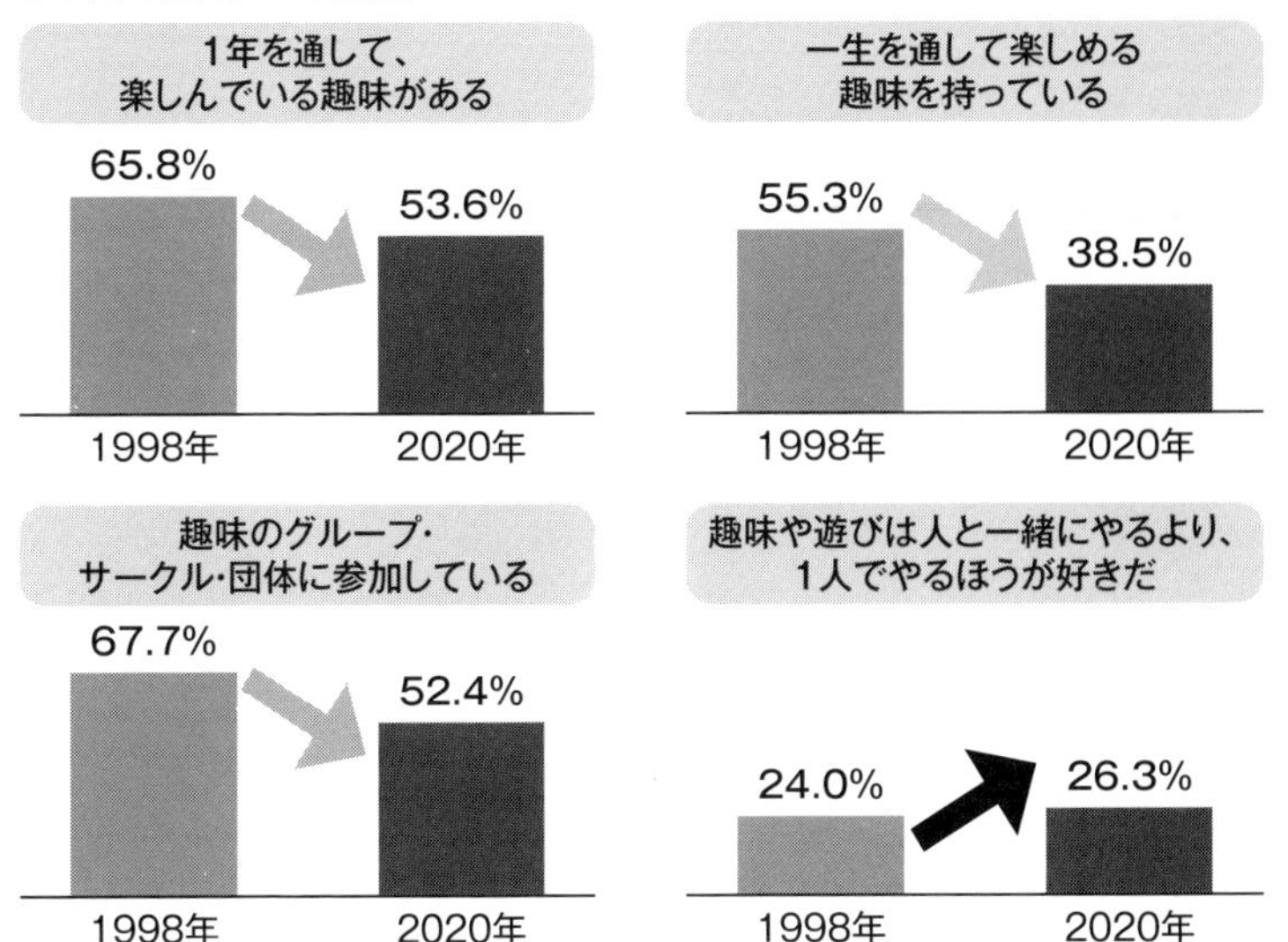

（出所）博報堂「生活定点1992-2020」調査地域:首都40km圏、阪神30km圏、調査対象:20～69歳の男女3080人

高齢者の趣味ランキング

順位	趣味	割合
1位	旅行	43.6%
2位	**テレビ視聴**	**40.8%**
3位	**園芸・ガーデニング**	**36.0%**
4位	**読書**	**32.9%**
5位	**散歩・ウォーキング**	**31.2%**

順位	趣味	割合
6位	映画・観劇・美術鑑賞	28.7%
7位	クイズ・パズル	22.2%
8位	ショッピング	22.0%
9位	音楽鑑賞	21.8%
10位	温泉・サウナ	20.7%

（出所）JMAR「高齢者ライフスタイル構造基本調査 2020年」対象:60～90歳、2500人

日本人には「習ったことしかできない」という変な癖があります。その上、「遊び方」は習っていない。これは、かなりシリアスな問題です。

たとえば、私はよく友人・知人から「大前さん、いつも遊んでいるみたいだけど、今度一緒に連れていってくれない？」と言われるので、オートバイのツーリングやスノーモービル、水上オートバイなどに連れていきます。ところが、そうするとみんな必ず1日でくたびれきってしまいます。私は今でもオートバイで1日300km以上、1週間で2500kmぐらい全国各地を走り、旅行の後も帰宅した次の日から仕事をしています。若い時からそうしているから、いくら遊んでも平気です。しかし、多くの日本人は「遊び方」を知らない。これが「人生100年時代」の極めて大きな問題だと思います。

日本で増え続ける〝孤独な高齢者〟

さらに、65歳以上の1人暮らしの人の動向を見ると、高齢者の単独世帯は年々増加する傾向にあります（図表35参照）。2015年の数字ですが、65歳以上のうち、1人暮らしをしている割合は男性で13・3％、女性は21・1％にも達しています。

また、日本人の場合、家族以外の親しい友人があまりいないという傾向も顕著です。60歳以上では、家族以外の親しい友人がいない人が31・3％となっており、「わからない」という回答を含めると4割に達します。老後も異性を含めた友人との交流を楽しんでいるアメリカ、ドイツ、スウェーデンとは大きく異なっています。これは実に寂しい人生だと

図表35 **高齢者単独世帯数が男女ともに増加しており、欧米諸国と比べると家族以外の親しい友人も少ない**

65歳以上の1人暮らしの者の動向

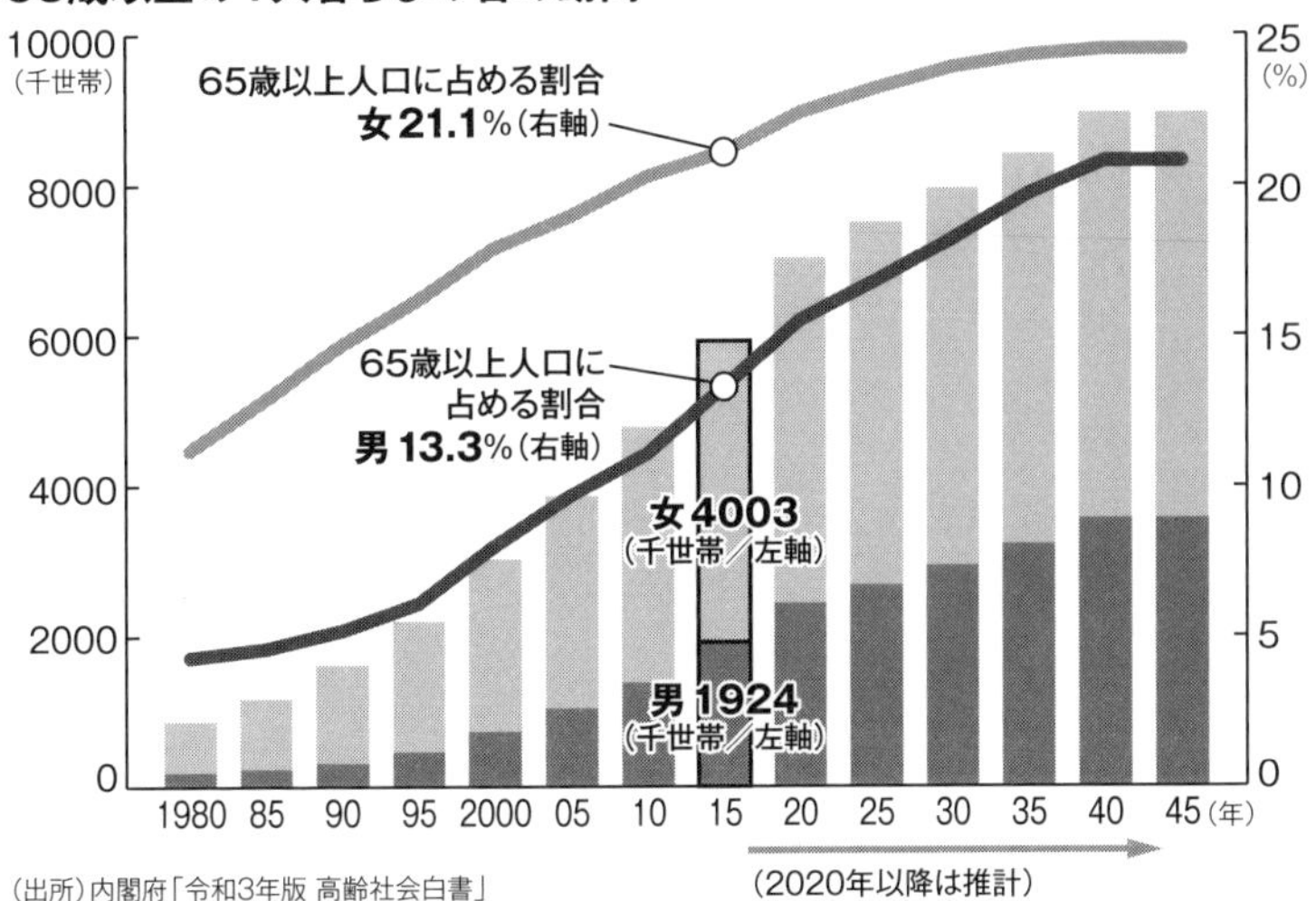

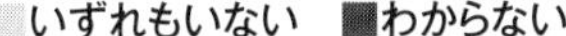

（出所）内閣府「令和3年版 高齢社会白書」

家族以外の親しい友人の有無（60歳以上）

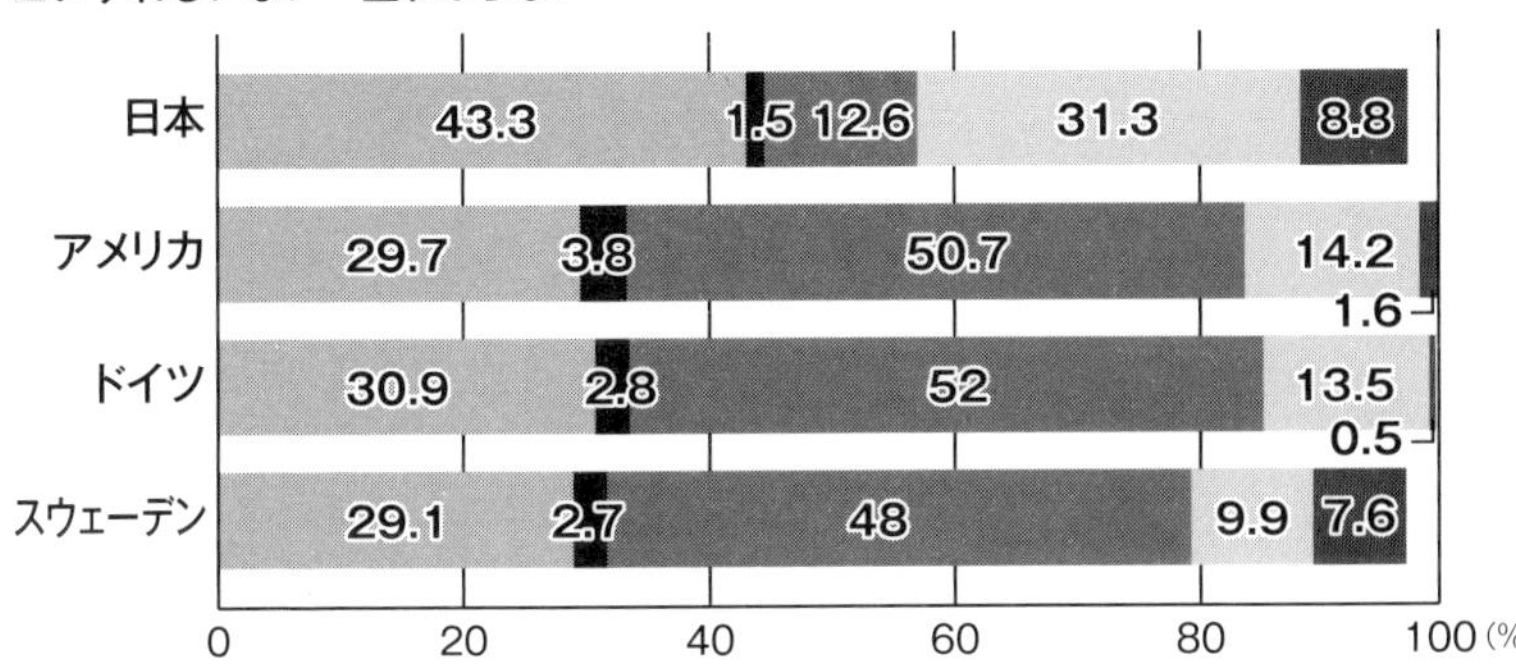

（注）各国在住の 60 歳以上の男女個人を対象に調査（施設入所者は除く）
（出所）内閣府「令和2年度 第9回高齢者の生活と意識に関する国際比較調査」

思います。

なぜ日本人だけが将来不安になるのか？

また、図表36のように、日本は2000兆円という世界一の個人金融資産を持っているにもかかわらず、老後の備えとして現在の貯蓄・資産では足りないと思っている60歳以上の人が55・5％に達し、アメリカ、ドイツ、スウェーデンよりはるかに多いんです。逆に十分だと思う人は34・8％に過ぎません。

そして、60歳以上で働き続けたい人が51％。その理由は「収入が欲しいから」です。これはほとんど病気に近く、収入がないと不安になってしまう。アメリカ、ドイツ、スウェーデンは「仕事そのものが面白い、自分の活力になる」が「収入が欲しいから」を上回っています。このデータからも、いかに日本人が悲観的な民族になってしまったか、ということがわかると思います。

また、税金について比較した図表37を見てみると、スウェーデンは税金が高いですよね。「租税負担率」は50％以上で、日本の2倍です。しかし、貯金ゼロでも死ぬまで国が面倒を見てくれるから、スウェーデン国民は高い税金を我慢しています。

一方、日本は税金が嫌いな国民です。だから「租税負担率」が低い代わりに、年金・医療・介護などの「社会保障負担率」が非常に高く、両方を合わせると44・4％にも達します。つまり、日本の場合は増税すると大騒ぎになるので、「社会保障ですよ」と言ってご

図表36 欧米と異なり、日本人は老後の備えの資金に不安を感じており、高齢になっても収入のために就労を希望している

老後の備えとしての現在の貯蓄・資産の充実度

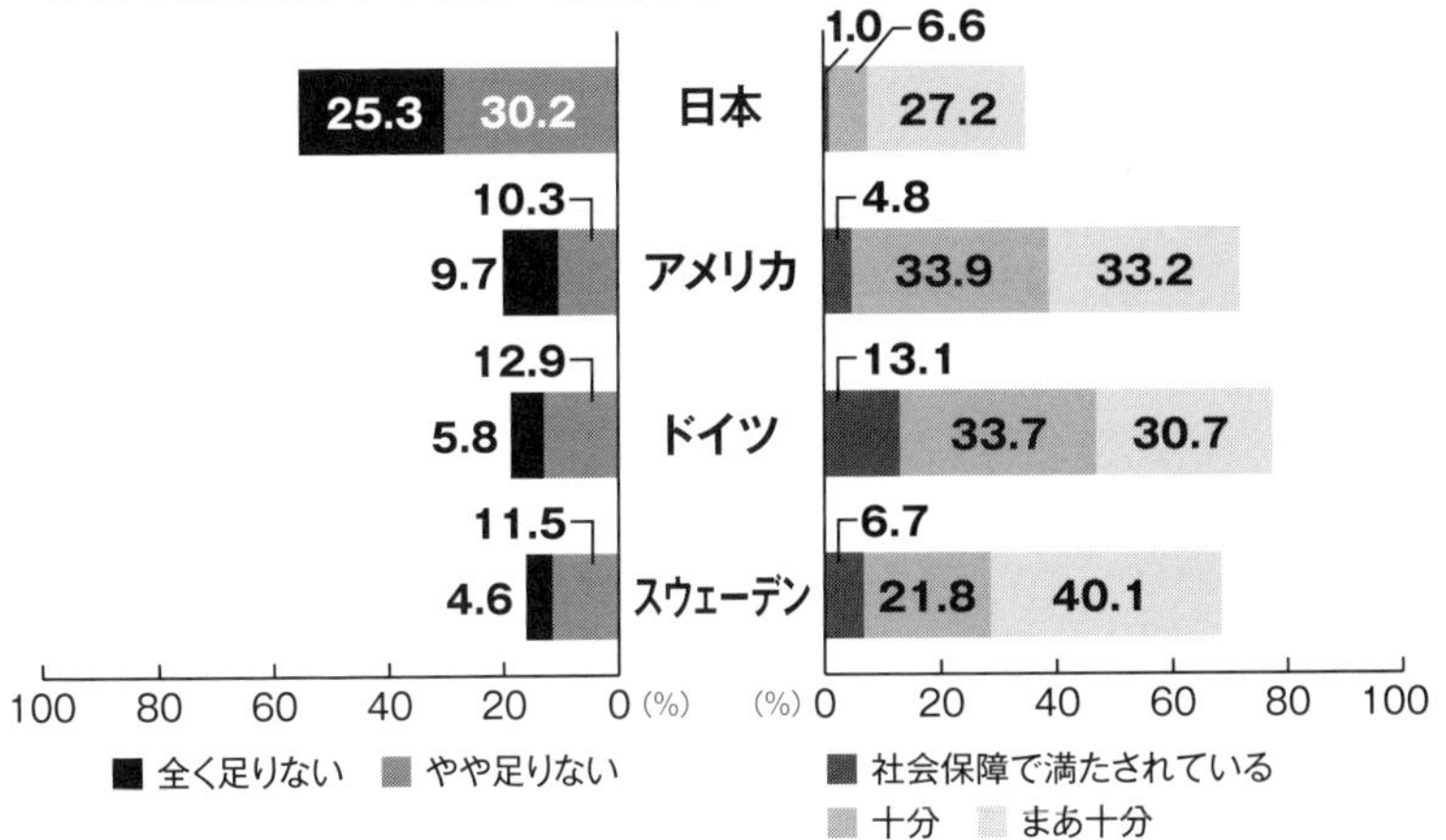

就労の継続を希望する主な理由

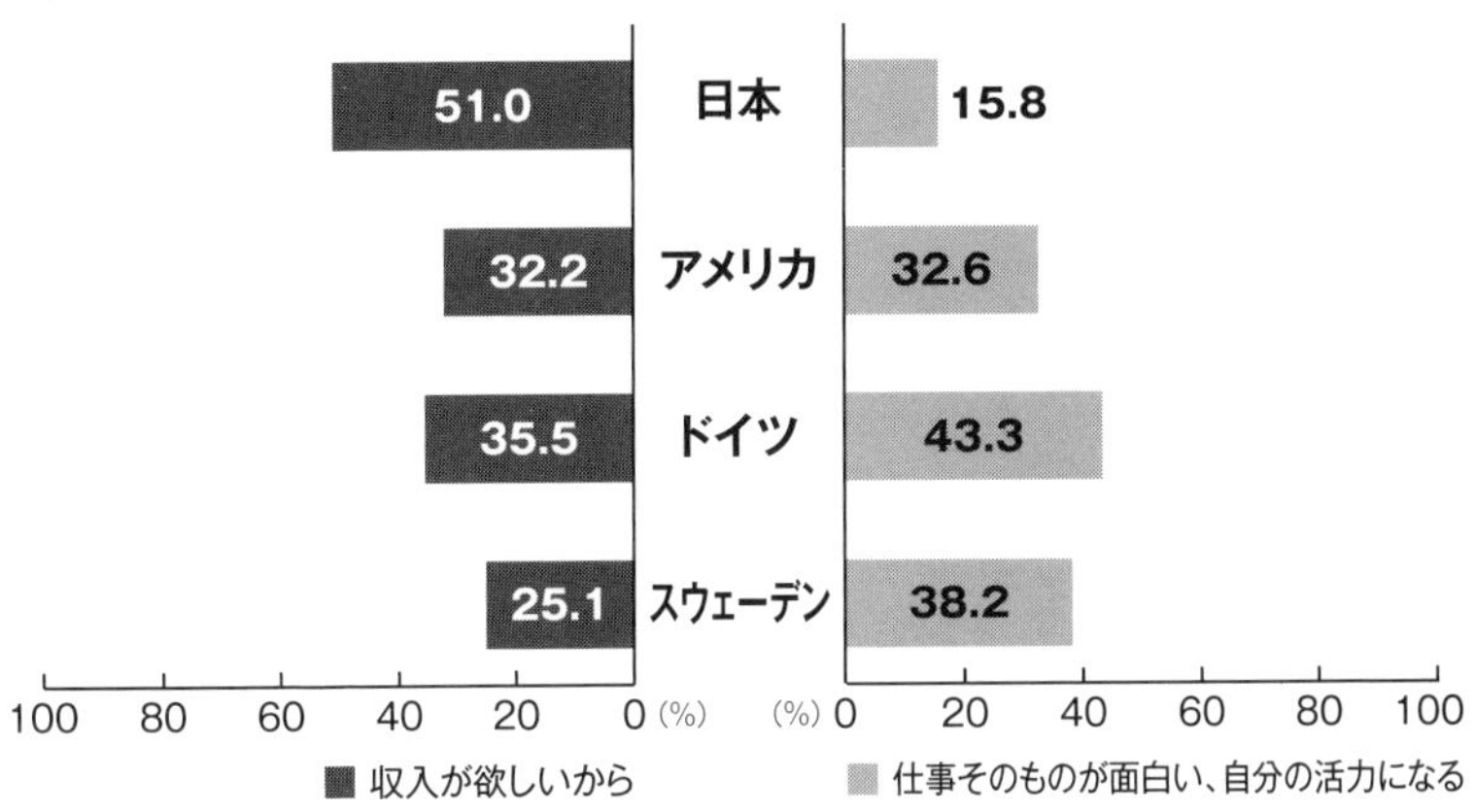

(注)各国在住の60歳以上の男女個人を対象に調査(施設入所者は除く)
(出所)内閣府「令和2年度 第9回高齢者の生活と意識に関する国際比較調査」

まかしているわけで、実際の「国民負担率」は収入の4割以上になるんです。これは政府のずる賢いところですね。

では、手元に残った家計金融資産の内訳を見ると、最も大きな割合を占めているのは、日本は現金・預金で54・2％です。ドイツも現金・預金で40・0％ですが、アメリカの場合は現金・預金は12・7％で、あとは株式やそれ以外の運用ですね。スウェーデンも同じく現金・預金は13・2％だけで、それ以外の株や証券、投資信託、年金・保険が8割以上を占めています。

スウェーデンの場合は、そうやって国民が資産運用しながら、仮に文無しになったとしても、国が最後まで面倒見てくれるということです。

では、日本はどうすればよいか？

これまで検証してきたことを総括すれば、日本政府が何をすればよいのかが見えてくると思います。それには、大きく3つあります。

「将来不安をなくす」
「個人資産を市場に還流する」
「人生を楽しむ」

以上3つの方策について、これから詳しく説明していきます。

まず、日本人は世界一の個人金融資産を持っているのに、将来不安があるために個人資

図表37 スウェーデンは税金は高いが、最後は国が面倒を見てくれると考えているため預金が少ない

国民負担率の国際比較（2019年）

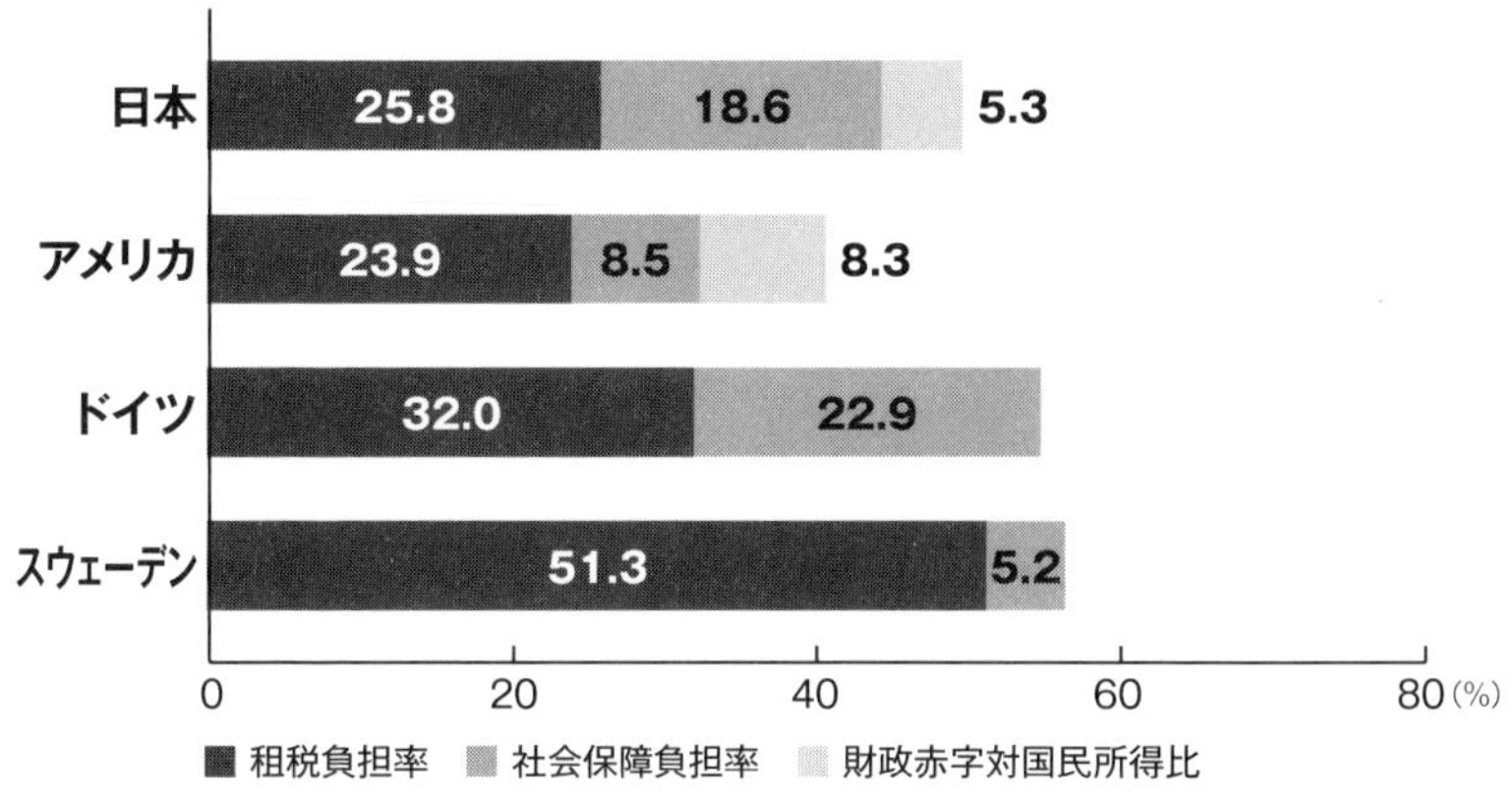

（出所）財務省「国民負担率」

主要国の家計金融資産の内訳（2020年）

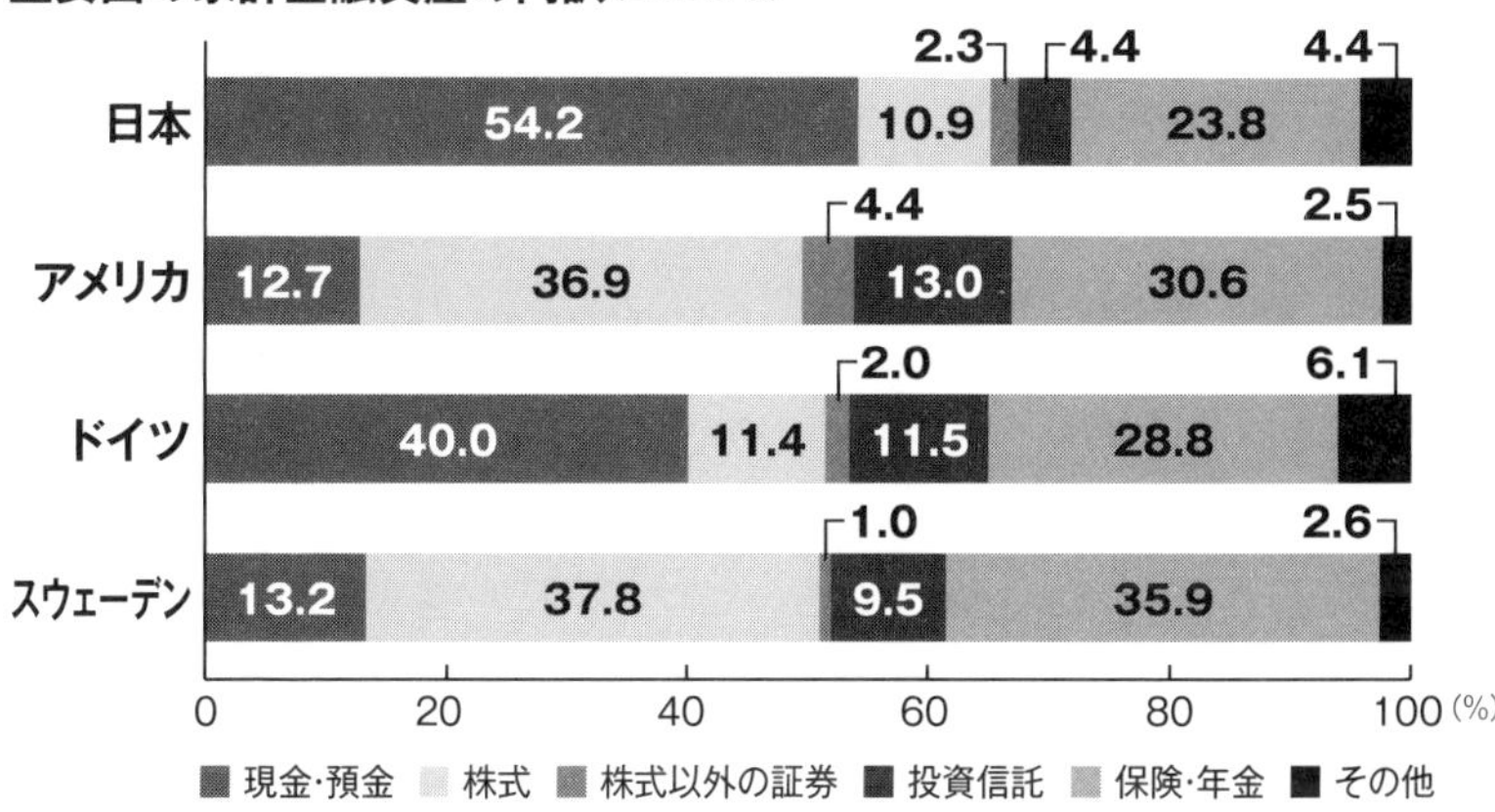

（出所）OECD「Household financial assets」

産が市場に流れないままで、「低欲望社会」になっています。ですから、将来不安をなくしてあげることが何よりも優先されるべきです。

具体的に何をするか？　もし私が首相だったら、まず毎日、次のように言います。「いざという時は、国が責任をもって面倒を見ます。そのためにセーフティネットも用意しました。だから、お金を貯め込まず、人生を楽しむために安心して使ってください」

幸いにして、平和で犯罪も少ない日本という国に生まれ育った。この幸運をフルにエンジョイして、死ぬ瞬間には「ああ、この国に生まれてよかった。ありがとう」と言って終わるようにしてくださいと。そういうことを、私だったら毎日のように言います（図表38参照）。

それから、「功労省」と「老後保障制度」を作る。今の日本には「厚労省」と略称される厚生労働省という官庁があるんですけども、海外の「労働省」のほとんどは勤労者、働く人のためのものです。ですが、少子高齢化が進んでいる国では、今後、働く人と働かない人が同数になっていきます。ところが、〝働かない人のための役所〟というのがないんです。そういう意味で、「功労省」を新設し、「老後保障制度」というものを導入して、リタイアした人の生活保護問題を専門的に担当するようにすればよいと思います。

「老後保障制度」の財源はここにある

その「老後保障制度」を導入するにあたって、財源をどうするかという意見があるかも

図表38 **まず首相が、「いざという時は国が責任をもって面倒を見ます」と宣言し、「功労省」と「老後保障制度」を新設する**

首相が国民に向かって宣言する

首相

いざという時は国が責任をもって面倒を見ます。
そのためセーフティネットも用意しました。
だからお金を貯め込まず、人生を楽しむために安心して使ってください。

- 日本人が欲望をもつためには、「私の人生は良かった」と思えることが必要。
- 自分の人生は良かったと、お金を使いきる、長生きして足りなくなったら年金があると言う。この最後の保障をする。
- 病気になれば健康保険、介護が必要になれば介護保険が利用できる。働けなくなって蓄えが底をついても年金は支給されるし、生活保護もある。
- これだけで、高齢者の不安は和らぐ。

（出所）大前研一著『「老後不安不況」を吹き飛ばせ！』PHPビジネス新書

「功労省」と「老後保障制度」

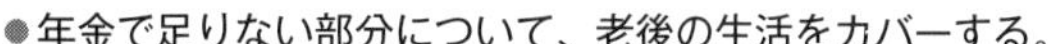

- 年金問題やリタイアした人の生活保護問題を専門に担当する役所として「功労省」を新設する。
- 高齢者向け「老後保障制度」を導入する。

- 年金で足りない部分について、老後の生活をカバーする。
- 憲法で保障されている「健康で文化的な最低限度の生活を営む権利」を確保・維持できるだけの金額を「老後保障制度」によって死ぬまで支給する。
- 金額的には地方や受給年齢によって異なるが、現在の生活保護（生活扶助＋住宅扶助）に近い。

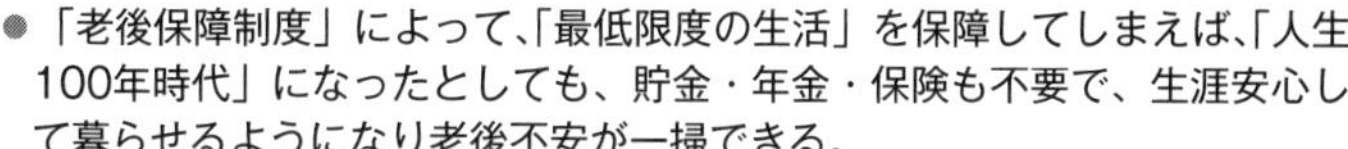

- 「老後保障制度」によって、「最低限度の生活」を保障してしまえば、「人生100年時代」になったとしても、貯金・年金・保険も不要で、生涯安心して暮らせるようになり老後不安が一掃できる。

（出所）小学館「週刊ポスト」2018年9月14日号　大前研一記事

しれません。金融庁だったら、それぐらいの計算は前もってしておいてほしいんですけれども、今回、私のほうでやりました。

実は先述のように、老後の生活資金が不足するのは高齢者全員ではありません。厚生年金の人たちは基礎年金と厚生年金のいわゆる「2階建て」でなんとかなると思いますが、より大変なのは国民年金のみの受給者たちです。

図表39のように、国民年金の第1号被保険者は1471万人で、そのうち貯金が2000万円以下の人を調べてみると、907万人です。つまり、老後保障がないと暮らせない人たちは、これだけなんです。あたかも国民全員が老後資金2000万円貯めていないと生きていけないという印象が広まったので、世の中がパニックになってしまったんですが、そうではないんです。

65歳以上の単身無職世帯の消費支出は月額約13万3000円で、国民年金の受給額は1人につき平均で5万5373円ですから、足りないのは、その差額の7万7773円です。ということは、この問題に必要な財源は、907万人に対して1か月に7万7773円を支給すればいいので、年間8・5兆円あれば、困った人は全部、国が面倒見ますよ、ということができるわけです。

では、この財源を確保するために、私だったらどうするかというと、日銀が持っている国債以外の資産があります。この資産は金利を生んでいません。この分を、ロボットアドバイザーで15％で運用すれば、30・5兆円の収益になります。逆に言うと、そこまで運用

図表39 日本銀行が保有している資産を〝ロボットアドバイザー〟で運用するなどして、「老後保障制度」の財源を確保してはどうか

老後の生活資金が不足すると考えられる人（推計）

国民年金第1号被保険者　1471万人

※重複のない公的年金の実受給者数は4051万人

（国民年金を受給。自営業者、農業、漁業など）

うち預貯金が2000万円以下　907万人

（65歳以上の世帯で貯蓄高が2000万円以下の世帯は59.3%）

不足金額　月額7万7773円

●国民年金の平均受給額は、月額5万5373円
●65歳以上の単身無職世帯の消費支出は、月額13万3146円

必要な財源　年間8.5兆円

（907万人×7万7773円×12か月）

（出所）厚生労働省「厚生年金保険・国民年金事業の概況」、総務省「家計調査」

〝老後保障金〟の財源イメージ

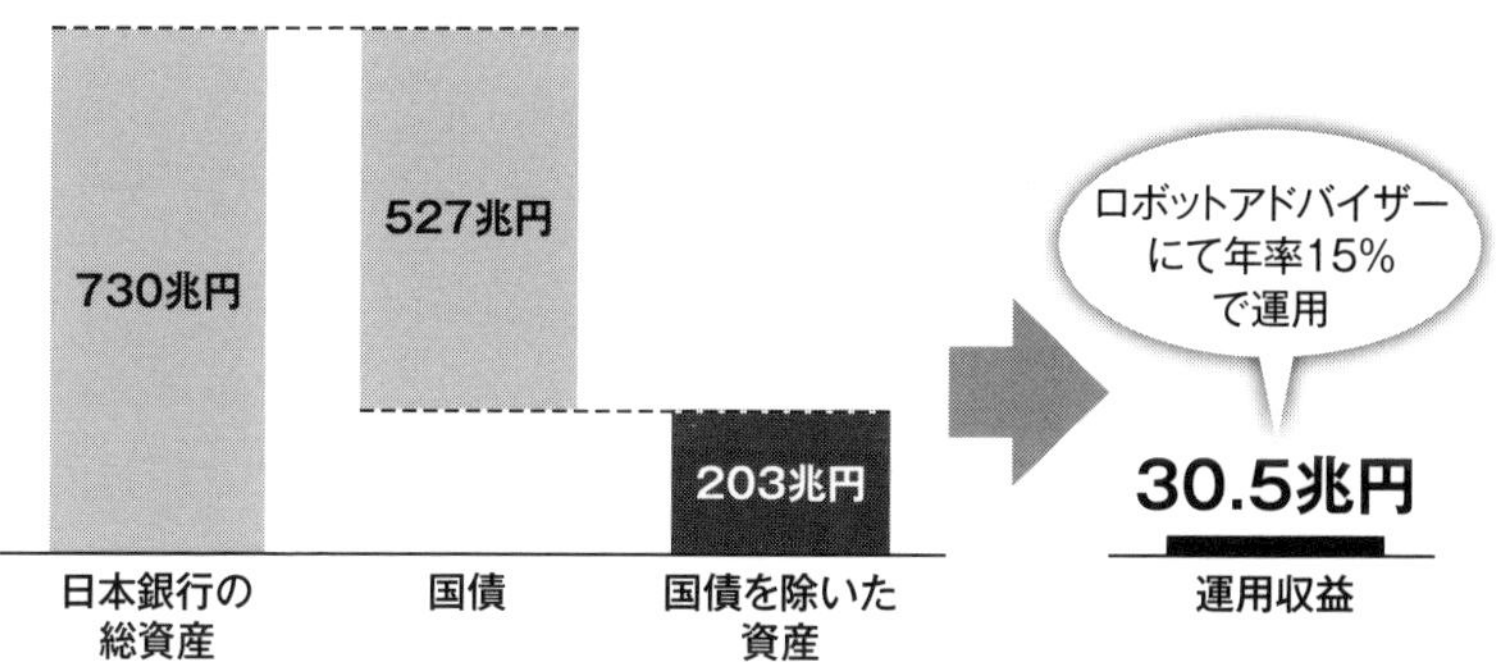

（出所）日本銀行「営業毎旬報告」

がうまくいかずに5％の利回りだったとしても、3分の1ですから10兆円。これでカバーできるんです。このようにすれば、誰にも何にも負担をかけずに、明日から「老後保障制度」を実施できるということです。

「お金の不安」を解消する専門家を増やせ

それから、あとは老後のお金の不安を取り除いてくれる専門家の養成が必要です（図表40参照）。

多くの場合、「いざという時」にお金がないと困るだろうと考えて、財布の紐を締めています。でも、「いざという時」とはどういう時なのか、ちゃんと定義できていない人が多いんです。「こういう場合には、この国の補助金があるので受けるといいですよ」とか、「もしこうなったら、あなたが自分で用意しなくてはいけません」などと、1つずつ手取り足取り教えないと、いつまでも安心できないんですね。

目指すのは、「老後が不安」で「いざという時の備え」のために消費を抑えて貯蓄に回していた人たちが、貯蓄を取り崩して消費に回したり資産運用したりできるようにするイメージです。また、「安心」「納得」「楽しみ」のために、資産がキャッシュを生むようにしていく方法がいくつかありますので、これを高齢者にもやってもらえばいいと思います。

これまでは、お年寄りがローンを組もうとしても、貸してくれなかったりすることも多かったのですが、最近は、後述するように、私が以前から日本でも拡大すべきだと主張し

図表40 「老後のお金の不安」を取り除く専門家を国が養成し、安心して残りの人生を楽しみながら消費できるように後押しする

「老後のお金の不安」を取り除く専門家の養成

- 「いざという時」はどんな時なのか、たいていの高齢者はこの質問に答えられない。
- 「いざという時」が曖昧模糊としてはっきりしていないため、必要のない不安を、いたずらに持ち続けている。

→

- 「老後のお金に対する漠然とした不安」を取り除くためのカウンセリングを国民が気軽に受けられるようにする。
- 国はそのための専門家を育成する。

〈専門家の役割〉

- 「いざという時」を具体的に定義する。
- 「こういうことが起こった場合は、自分のお金がこれだけあれば乗り切れます」と専門家がきちんと計算し、なおかつ質問にも答えて、不安を払拭する。
- 「この場合は、国からこういう補助が出ます」
- 「この保険に入っているなら、こちらの保険は不要です」

などー つ一つ詰めて、死ぬまでに必要な金額を明らかにする。

（出所）大前研一著『「老後不安不況」を吹き飛ばせ!』PHPビジネス新書

安心して残りの人生を楽しむ場合の消費増加イメージ

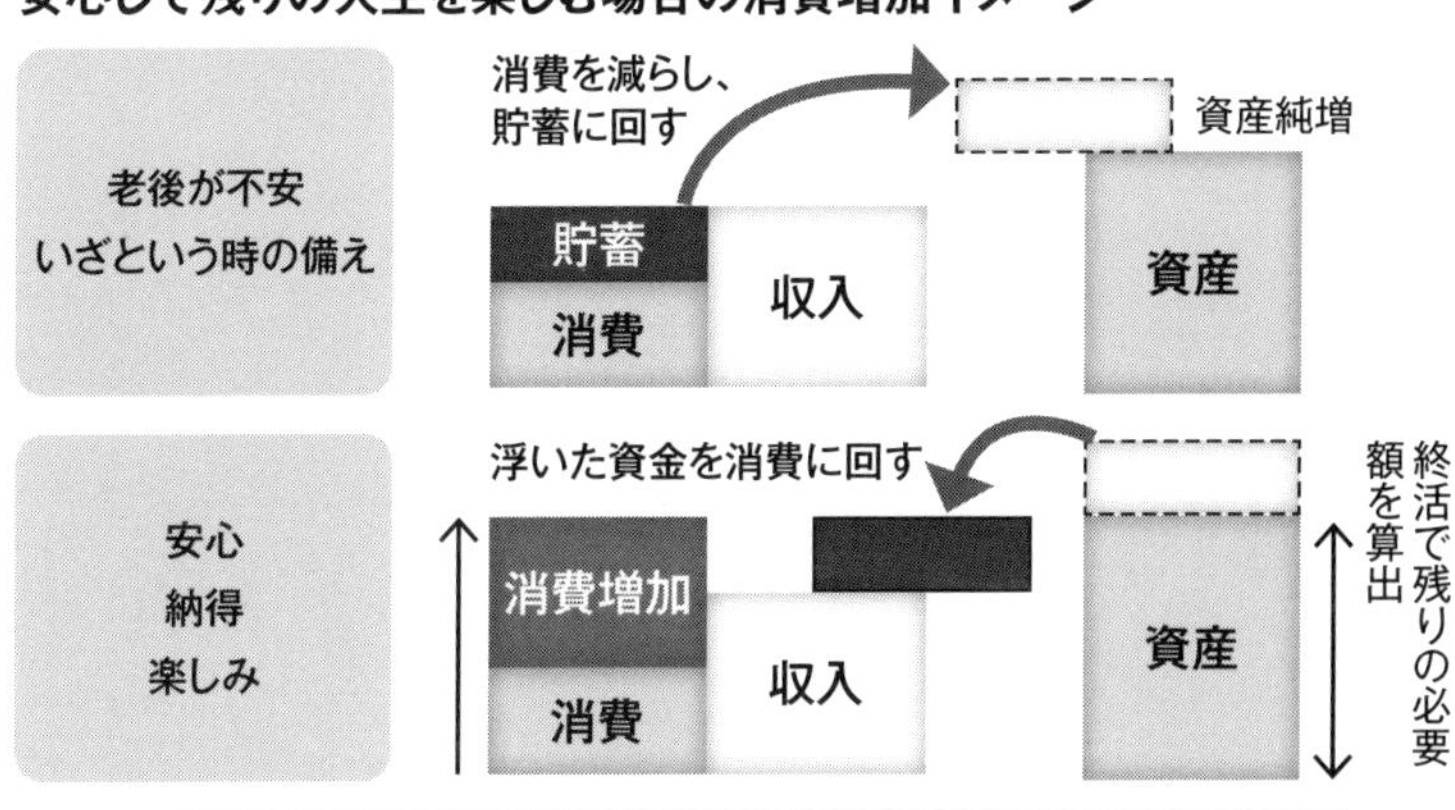

高齢者は「死ぬまでに必要な金額」を差し引いた残りの資金は、心置きなく使えるようになる

てきた「リバース・モーゲージ」や「アセット・バック・セキュリティ」といった仕組みを取り入れた金融商品も増えてきていますから、そういったものを使うことになります。

個人金融資産は高金利のほうが有利

図表41の日本の家計金融資産の推移を見てください。ついに2000兆円に達して、現金・預金も1000兆円を超えました。1人あたりに直しても、非常に大きな額ですけれども、そこに金利を5%つけたら50兆円になるということで、これは国家予算の半分近い金額です。この50兆円が消費に回ったら、経済が活性化するのは間違いないですよね。ということで、金利が高いほうが日本の景気は良くなるんです。

なぜ金利が低いほうがいいという声があるのかと思ったら、金利が上がったら融資を返済できなくなる企業の倒産が相次ぐからだと言うんです。でも、いわゆるモラトリアム法(中小企業金融円滑化法)で、民主党政権当時の亀井静香金融担当相が融資返済を猶予する制度を導入して以降、業績が回復する見込みのない企業まで〝延命〟されてきました。政治家というのは、そういう企業に泣きつかれることが多いので、声を上げていない一般の個人のことは見えないんですね。それで金利はずっと低い状態が続いていますが、個人にとっては逆のほうがいいんです。

アベクロ(アベノミクス+黒田日銀による異次元金融緩和)の場合は、借金が多い企業を救うことが目的で、GDPを伸ばすと言いながら、結果的には全く伸びていません。結

図表41　家計金融資産2000兆円のうち1000兆円超が〝貯金〟されており、将来不安を解消して個人資産を市場に出させる

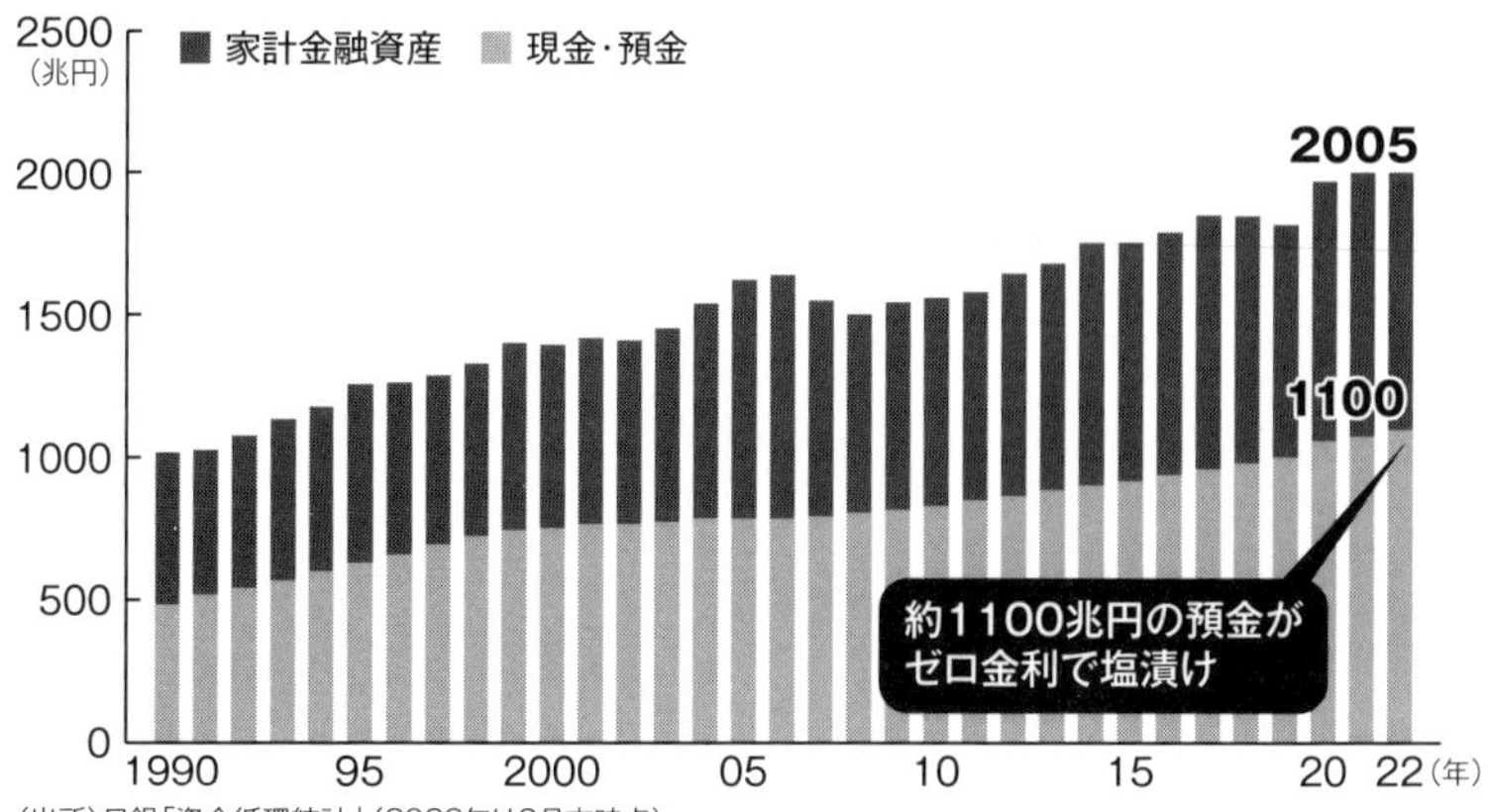

（出所）日銀「資金循環統計」（2022年は9月末時点）

局のところ、日本の豊かな個人金融資産を価値のないものにしているだけです。

効果的なのは「容積率の倍増」

では次に、個人金融資産を市場に還流させるには、どうしたらいいか。

まず第1のやり方は、容積率の倍増です。これは、私の著書や連載で何度も言っていることですが、図表42のように、世界の他の大都市と比べてみると、東京でさえ容積率というのは非常に低いんです。ですから、都市や地域によっては、もっと増やしていいですね。

また、斜線制限というのがありまして、美濃部亮吉東京都知事の時代（1967〜79年）に、隣の家が大きなビルを建てたために日陰になってしまった家を救済すべきだということで、「日照権」という考え方を取り入れ、建築可能な範囲を斜めに制限したんです。しかし、日照権があるのは、日本と韓国だけです。高層建築が建ち並ぶニューヨークで日照権なんて言いだしたら、何も建てられません。陽当たりを求めるなら、田舎に行けばいいんです。なんでニューヨークに住みながら太陽がほしいと言うのか、という話になります。

　ということで、容積率を緩和するだけで、土地の価値が上がります。建蔽率も同様です。容積率・建蔽率の増大をすると、土地の価値が上がりますので、そこで「アセット・バック・セキュリティ」というものを導入します。これは、簡単に言えば、容積率が緩和されたことを受けて2倍以上の床面積の建物に建て替えて、増えた部分をマンションやアパート

図表42　都心の大規模再開発や容積率緩和で建て替えを促進し、銀行に眠る過剰貯蓄を市場に出すことが可能となる

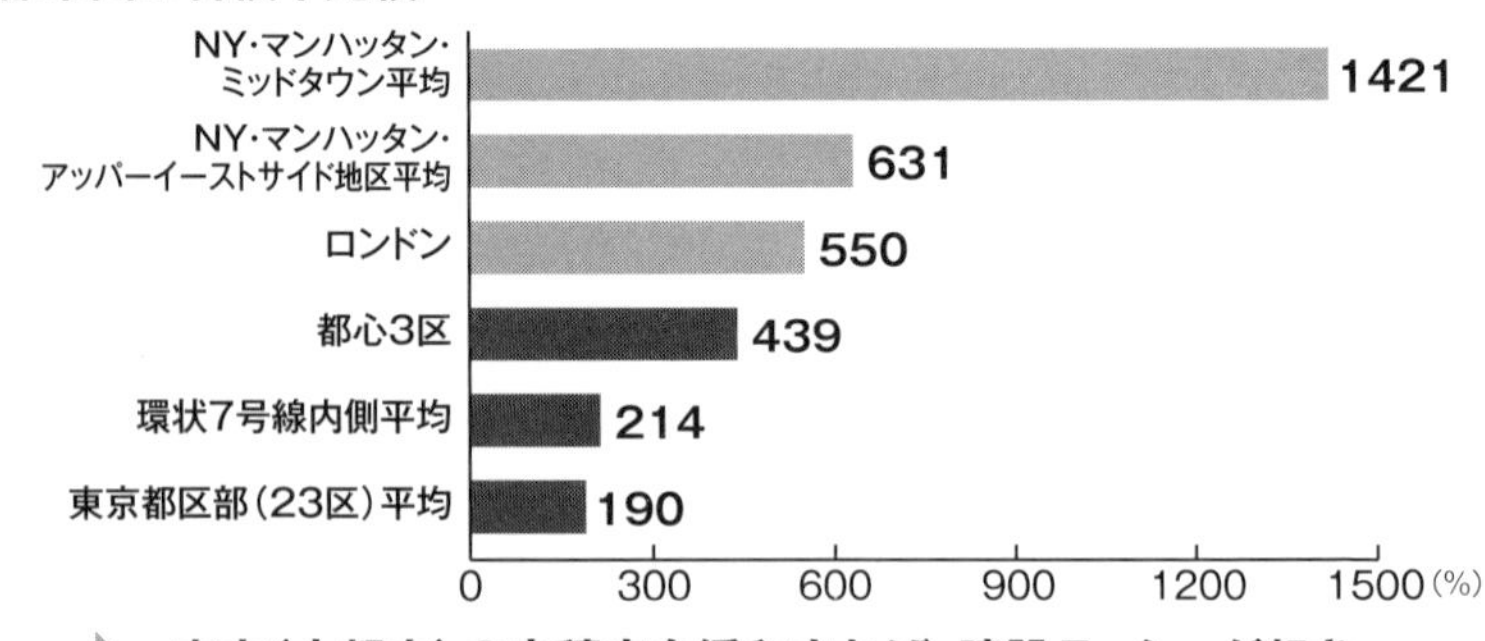

東京（大都市）の容積率を緩和すれば、建設ラッシュが起き、世界からマネーが集まるようになる

（出所）東京都都市計画審議会 、「都市のチカラ超高層化が生活を豊かにする」森ビル都市再生プロジェクトチーム、「首都高速の再生に関する有識者会議 提言書 参考資料集」国土交通省

として人に貸す。こうすると、賃貸収入でキャッシュが入ってきます。このキャッシュを抵当にして、建て替え資金を借りることにすれば、貯金を崩さず、個人保証もせずに、2倍以上の家に建て替えることができるわけです。

これにはメリットが2つあります。1つは、大都市の周辺で大建設ブームになりますね。もう1つは、お金がどんどん動き始めるということです。

そのようにして、今まで苦労して自分の資産や生命保険を抵当にしてお金を借りていたのと違って、新たな価値を生む新築部分を抵当にすることができます。さらに、自宅に住み続けながら、その住宅資産を担保に融資を受けて、契約者が亡くなったら融資を返済する「リバース・モーゲージ」という制度も徐々に広がりつつあります。

なぜ日米の老後資産の差が10倍あるのか

そしてもう1つ、カギになるのは「資産運用」です。日本人というのはあまり資産運用に熱心な国民ではありません。でも、人生をより楽しむなら、資産運用は大きな武器になります。

そこで紹介したいのが「ウェルスナビ」というフィンテック企業です。この会社の創業者は、柴山和久氏。彼は、東京大学から財務省に行って、その後、私の古巣であるマッキンゼーに入って……と、典型的なエリートコースを歩んでいました。それで、アメリカ人女性と結婚したのですが、気がついてみると、日本の中流クラスである自分の父母と、アメリカの中流クラスである奥さんの父母とで、老後の資産に大きな開きがあった。自分の両親の資産は、日本では平均的な2000万円ぐらいだったが、奥さんの両親が持っている資産はその10倍あった。なぜこれほど大きな違いがあるのかと調べてみたら、収入の違いではなく、資産運用の違いだったと。

日本の場合、余ったお金をほぼ全部銀行や郵便局の口座に置いておくだけですから、全く増えません。それに対してアメリカでは株式や債券などに分散投資して、資産を増やしていきます。その結果、完全にリタイアする頃には、10倍の差になっていたというわけです（図表43）。

それで彼は一念発起して、自分でロボットアドバイザーをやろうと考えたのです。銀行にしろ証券会社にしろ、金融機関の人間が介在すると判断を間違えることも多いので、ロボットを使って世界を相手に分散投資することで資産を自動運用するというビジネスモデルです。同社はすでに上場して、今や日本国内トップの6000億円を運用するロボットアドバイザー企業になっています。

図表43の下のグラフで見ていただくとわかるんですけれども、日本人の場合は預金・貯金の部分が55・5％を占めるのに対し、アメリカ人の場合は資産のほとんどを株式や債券、保険・年金などで運用しています。この違いで、老後の資産に10倍の差ができるわけです。

図表43 日本人の多くは老後資金に問題はないが、人生をより楽しむために「株式・債券」などの資産運用スキルを身につけるべき

日本人とアメリカ人の老後資産の事例

日本人夫婦

- 共働きで金融機関で勤務。
- 退職金で住宅ローンを完済し、数千万円を手元に残した。
- 「恵まれた層」だといえる。

アメリカ人夫婦

- 夫は公務員、妻は石油会社で勤務。
- 若い頃から余裕資金をすべて積み立て、世界中の株式や債券に分散投資。資金を少しずつ増やしながら30年ほどかけて運用した結果、リタイアするころには億を超える資産にまで増加した。

年齢も学歴もそう変わらない日本人とアメリカ人の夫婦では、老後の資産に10倍の差ができる。

日米の個人金融資産の内訳

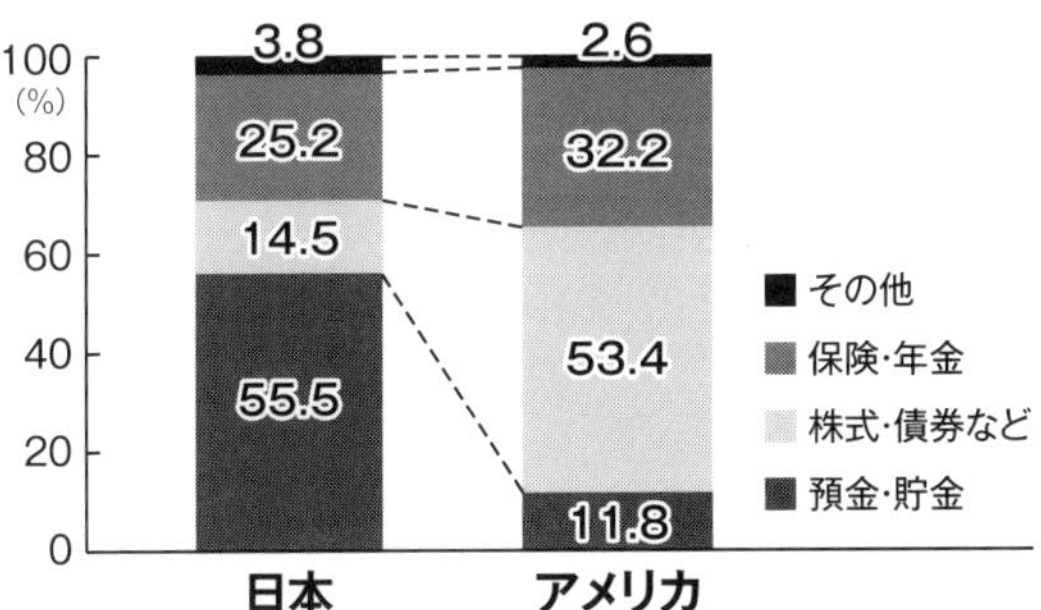

- 日米の個人金融資産の内訳を見ると、運用リターンの違いの要因が明らか。
- 日本は最も多いのが「預金・貯金」で、全体の半分以上を占めている。
- アメリカは、「株式・債券など」が半分を占めており、「預金・貯金」は約12%にとどまる。

(出所)ウェルスナビ「WealthNavi's History 柴山和久／ウェルスナビCEO」

住宅投資も書斎も「経費」として認めよ

そして最後が、「人生を楽しむ」ことを実現するための方策です。

これまた、私が何十年も前から言っていることですけれども、基本的に個人が住宅投資やリフォーム、増改築などをした時に「減価償却」を認めるべきだと思います。そして、その減価償却を所得税から還付するという仕組みにする（図表44参照）。そうすることによって、ざっと10年ぐらいは所得税を払わないで済むようになります。

そうすると、ニトリやホームセンターでにわか作りした〝なんちゃって書斎〟ではなくて、立派な書斎を持てるようになります。

また、図表44の下に、書斎減税の例があります。アメリカの場合は、個人のサラリーマンでも、「今の給料を稼げるのは自宅で勉強しているから」ということで、自宅以外に書斎として部屋をレンタルした際にいくらかかるかを試算して、その分を還付します。その考え方を適用して、書斎に導入したテレワークの環境整備、ＩＴ機器、ソフトウェアの購入、机・書棚、書斎の建て直し、自己研修費用、その他を「経費」として認めて、税控除の対象とすべきだというのが私が考える書斎減税です。この還付は非常に大きいですよね。そのため、テレワーク中心になっても、堂々と自分の書斎を見せられるようになります。

それから、日本の場合は子供部屋を作る家庭が多いですが、どれほどたくさん子供に投資しても、ほとんどリターンは期待できませんから、やはり自分に投資するのが一番いい

図表44 住宅の新築・増築・リフォームの減価償却を認めたり、書斎減税などで自己投資を奨励し、メリットを得られるようにする

イメージ 住宅の新築・増築・リフォームの減価償却

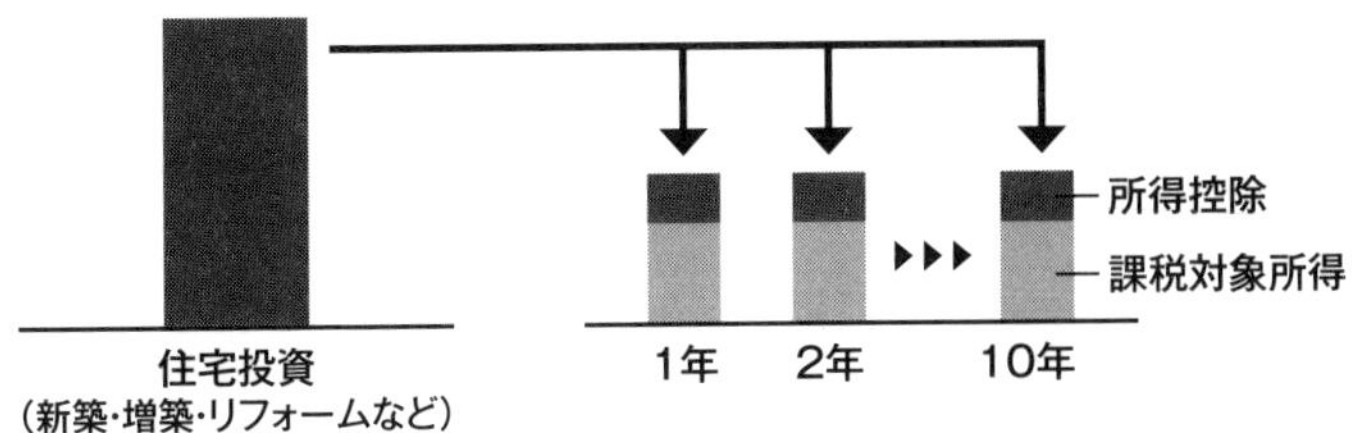

- 住宅を新築・増築・リフォームしたら10年間で減価償却できるようにする
- 建築費用を10年間に分割して「その年の損失」とみなし、その分を所得から控除
- これにより、所得税が向こう10年間ほぼゼロになるから、誰もが住宅購入・建て替え・リフォームを検討するようになる

イメージ 書斎減税

課税対象所得

書斎投資
自己投資
費用控除

控除後
課税対象
所得

控除対象とする支出など

- テレワーク環境整備
- IT機器購入
- ソフトウェア購入
- 机・書棚
- 書斎建て直し
- 自己研修費用
- 夫婦・家族旅行や書籍購入、外での飲食などを経費として認める
- 個人の青色申告化

- サラリーマンも青色申告として経費や減価償却が落とせるようにする
- サラリーマンがテレワークや勉強するための書斎を持ったら、その改築費用に加えて、PCやソフトウェア、机・椅子・本棚などの購入代金をすべて必要経費として認めて、所得税から還付する
- 書斎として近所のアパートを借りる費用も経費として認める
- 自己投資を奨励し、お金を使った時にメリットが得られるようにする
- 子供にも書斎や机、PCなどIT投資をすれば、税控除・還付の対象とする

(出所)大前研一著『最強国家ニッポンの設計図』小学館よりBBT大学総合研究所作成

んです。少なくとも、アメリカなどでは、そういったところが税制的にちゃんとカバーされている。日本では以前、「背広代ぐらいは還付しろ」と言って「サラリーマン新党」というのができましたが、そんな程度ではなくて、自営業者などが支出を経費として計上している「青色申告」と同じやり方にすべきだという話ですね。

そのほかにも、老後のことばかり心配して働き続けている日本人に、現役時代からたくさんの趣味をもって「人生の楽しみ方」を提案することが重要です。趣味のランキング2位が「テレビ視聴」というのでは、あまりにも悲しすぎます。

そのための国の政策としては、たとえばすでにインフラ投資が終わっている漁港を活用して、船遊びや釣りなどのマリンレジャーに使いやすく整備するなど、趣味やレジャーをより楽しめる環境を拡大していくことが求められます。

一方、個人としては、これも以前『やりたいことは全部やれ!』(講談社)という本に書いたことですが、セカンドライフを充実させるためにも、「屋内か屋外か」「1人か友人と一緒か」といった実施状況に合わせた趣味を20個ほど持つべきだというのが私の持論です。日本人がもっとたくさんの趣味を楽しみ、イタリア人のように「バケーション・ファースト」の意識を持つようになれば、間違いなくこの国の景色は変わると思います。

大前流「21世紀型経済理論」の総括

最後に、前回と今回の講演を総括します。

世界は今、「第4の波」をいち早く捉えてサイバー社会＝AI・スマホ社会に適応した企業と個人が優位に立てるようになってきています。

ところが、日本政府はいまだに従来の工業化社会を守るための規制を続けているため、いつまで経っても次の社会に移行できないし、新しい時代を切り開く人材も育っていません。

その上、2007年生まれの子供の半分が107歳まで生きるという統計だけを切り取って、「人生100年時代」というキャッチフレーズを強調して、国民の将来不安をますます高めてしまっています。

さらに、「老後2000万円」問題がクローズアップされて、多くの日本人が将来に悲観的になってしまいました。

そのため、「低欲望社会」の中で、ますます市場がシュリンクしています。このような現状では、どんな経済政策を施しても十分な効果が上がるわけがない、ということです。

先に述べたように、いま最も効果的なのは、金利を上げることです。それで、個人金融資産を持っている国民に使えるキャッシュを還元する。そういうことが重要で、日銀が主導する異次元金融緩和によって、日本円の価値をますます下げている今の政府のやり方は明らかに間違っているということがおわかりいただけたのではないかと思います。

ということで、ここまで述べてきたことは非常に重要な提言です。人生100年時代などと国が誤ったことを言い始めましたが、皆さんはこれに該当しないので（笑い）、今からでも遅くないと思って、20の趣味をさっそく始めていただきたいと思います。
（2022年3月の向研会セミナーより抜粋・再構成）

以上が、「人生100年時代」の国家戦略についての基調報告というべき概要である。ここからは、過去の連載記事をベースとして、さらに具体的なテーマ・論点に沿って解説していくことにする。資料やデータなどがセミナーの内容と一部重複しているところもあるが、改めて問題を整理する意味もあるので、ご理解いただきたい。

提言1 経済の新常識「金利を上げれば景気は良くなる」

円安を加速させた黒田日銀

物価高・エネルギー高が止まらない。2022年12月の全国消費者物価指数（2020年＝100）は、価格変動の大きい生鮮食品を除く総合指数が過去最高の104・1となり、前年同月比で4・0％上昇した。ガソリン価格も高止まりしたまま、政府の補助金支給が続いている。

また、食品主要105社を対象にした帝国データバンクの調査（2022年12月21日時点）によると、2022年に値上げされた食品は累計2万822品目で、平均値上げ率は

14％に達している。

根本的な原因はウクライナ戦争と新型コロナウイルス禍の長期化だが、それに円安が追い打ちをかけている。資源や原材料の輸入コストが高騰して貿易収支が悪化し、さらに円安が進む悪循環に陥っているのだ。

もともと私はマクロエコノミストの「円安は日本経済にとってプラス」という主張に反論してきた。近年の日本は輸出と輸入がほぼ均衡しているので、為替が円安と円高のどちらに振れても貿易収支にはほとんど関係ないからだ。

しかし、日本の輸出力は下がる一方で、2022年（速報値）は輸出額が98兆1860億円、輸入額が118兆1573億円、赤字額は19兆9713億円で、比較可能な1979年以降で最大の赤字となった。

この円安を加速させているのは日本銀行の黒田総裁だ。いま米欧の中央銀行はインフレを抑制するために相次ぎ政策金利を引き上げている。アメリカのFRB（連邦準備制度理事会）は2022年3月からの1年間に8度の利上げを行なって4・5～4・75％に引き上げた。ECB（欧州中央銀行）もその間に5度の利上げで3％としている。

だが、日銀は日米欧の中央銀行の中で唯一、利上げをしていない。政策決定会合後の記者会見でも金融緩和の継続を繰り返し表明し、その理由について黒田総裁は「金利を上げると、あるいは金融を引き締めると、さらに景気に下押し圧力を加えることになる」「それは日本経済がコロナ禍から回復しつつあることを否定してしまう、経済がさらに悪くなってしまうということにほかならない」などと、いつもの〝逃げ口上〟に終始した。

しかし、この理屈は正しいのか？　「ＮＯ」である。

黒田総裁は20世紀のケインズ経済学を勉強したマクロエコノミストだから、いまだに昔の理論を基に金利を引き上げると景気が悪くなると考えているわけだが、それは間違っている。

今の日本のように個人金融資産２０００兆円の半分超が預金・現金で保有されている貯蓄過剰の国では、ケインズ経済学は成り立たない。いくら異次元金融緩和でゼロ金利政策を続けてお金をジャブジャブにしても、貯蓄が増えない上に「低欲望社会」だから金融資産を持っている富裕層や「人生１００年時代」と脅されている高齢者の財布は締まったままで消費が拡大しない。現に、黒田日銀が異次元金融緩和を始めてから10年近くも経過しているのに、景気は全く上向いていない。

では逆に、金利を引き上げたらどうなるか？　貯蓄が増えるから、金融資産を持っている人たちの財布の紐が緩んで消費が拡大し、経済が活性化するのだ。心理的にも余裕を感じるから行動も変わってくるだろう。

私は原子力工学を勉強した〝物理屋〟なので、経済の現状も物理的に分析する目を持っている。すると、日本の景気を良くするための「最適解」はそれしか導き出せないのだが、この21世紀の新しい経済メカニズムを、企業も個人も資金不足だった１００年前の経済学しか学んでいない黒田総裁は理解できないのである。

金利が上がったら、亀井静香元金融担当相が制定を主導したモラトリアム法やゼロ金利政策によって生き延びてきた約30万社の「ゾンビ企業」（経営破綻しているのに銀行や政府の支援によって存続している企業）は続々と倒産するだろう。だが、それらの企業を延命させても、日本経済の足枷（あしかせ）になるだけである。

また、私が知る限り、真っ当な日本企業の経営者で、いま金利が上がったら困ると思っている人はいない。貸出先がなくて困っている銀行は、財務諸表に問題がない企業には０・５％前後の超低金利で融資してくれるからだ。銀行から借りたほうが社債や株式を発行するよりも資金調達コストが安上がりなのである。この状況は少しくらい金利が上がっても変わらないだろう。

アメリカ利上げ〝裏の狙い〟とは

その一方で、仮に金利が５％になれば、個人金融資産２０００兆円の増加分＝１００兆円が市場に溢れ出てくるだろう。岸田首相は「資産所得倍増プラン」と称し、「貯蓄から投資へ」というキャッチフレーズでＮＩＳＡ（ニーサ）（少額投資非課税制度）やｉＤｅＣｏ（イデコ）（個人型確定拠出年金）の活用を謳（うた）っているが、そんなチマチマしたもので日本経済が大きく変わるわけがない。重ねて言うが、日本の景気を良くする一番の近道は富裕層や高齢者の預貯金の増加分が市場に出てくるようにすることであり、そのためには利上げが最も有効なのだ。

前述したように、FRBはインフレ対策で1年間に4％超の大幅利上げに踏み切ったが、利上げでインフレを抑制するというのは、実は古い理論である。現在のボーダレス経済では、金利が高い健全な国に世界中からカネが集まってくる。それを証明したのが、かつてのクリントン政権だ。金利を引き上げて世界中からカネを吸引した結果、株がどんどん上がって景気が良くなり、財政も一気に黒字化したのである。

つまり、FRBのパウエル議長の利上げに対する評価は2つに分かれる。本気でインフレ対策として利上げしているなら、黒田総裁と同じく古い理論のままである。だが、実はインフレ対策は表の看板で、裏の目的として世界中からカネを吸引するために利上げをしている可能性もある。そうであればパウエル議長は相当な策士ということになる。

それに対し、黒田日銀は古い理論のまま円安を加速させて日本から海外にどんどんカネを流出させている。にもかかわらず、おそらく黒田総裁は2023年4月までの任期中は頑なに異次元金融緩和を継続し、その結果、日本は世界の潮流から取り残されてますます衰退するだろう。足掛け10年も異次元金融緩和に固執して日本経済と円を毀損（きそん）し続けた黒田総裁の責任は、極めて重いと言わざるを得ない。

提言2 サイレント・マジョリティのための政策案

なぜ自民党は「バラ撒き」政治になるのか

２０２２年7月の参議院議員選挙は、自民党が大勝した。野党陣営の〝自滅〟に加え、安倍元首相銃撃事件の影響も小さくなかっただろう。

自民党の支持母体は農協・漁協や医師会、経団連など、従来の法制度や規制に守られてきた〝既得権者〟が中心であり、その主体は「ノイジー・マイノリティ」の寄せ集め集団である。だから自民党の政策は、各々の支持母体の要望に配慮したバラ撒き(ま)きになってしまうのだ。

ノイジー・マイノリティの対立軸は「サイレント・マジョリティ」である。いわゆるサラリーマンやパート、アルバイトといった給与所得者だ。本来、サイレント・マジョリティの受け皿になり、彼らの〝声なき声〟を代弁する政党が必要なのだが、離合集散を繰り返すばかりの野党には期待できない。となれば、その任を担うべきは、ナショナル・センター（中央労働団体）の「連合（日本労働組合総連合会）」しかない。

ところが現在の連合は、芳野友子会長が自民党にすり寄り、野党と距離を置いている。しかも、２０２２年度の重点政策は「コロナ禍における雇用・生活対策」「マイナンバー制度の一層の活用」「ジェンダー平等で多様性を認め合う社会の実現」といった総花的かつ抽象的なものであり、まるで政府の政策を羅列したかのようだ。これはナショナル・センターとしての怠慢にほかならず、芳野会長をはじめとする役員は〝労働貴族〟の誹(そし)りを免れない。

では、連合はサイレント・マジョリティのために、どのような政策を打ち出すべきなのか？　私が考える政策案21項目を提言したい。本来は憲法を改正して抜本的に取り組むべき問題（私自身は「創憲」論者）だが、改憲論議はまだ途上なので、とりあえずは税金を通じてやるしかないと思う。

具体的な方法は、サラリーマンなどの給与所得者にもノイジー・マイノリティと同じ「青色申告」を適用することだ。給与所得者は収入金額に応じて一定の所得控除しか認められていないが、青色申告はあらゆる経費を収入から差し引いた後の収益が課税対象になる。

たとえば、農家は種苗・肥料・農薬の購入費、農機具の購入費やリース代、トラクターやビニールハウスなどの燃料費、業務で使う軽トラックなどの車検費用や自動車関連税、作業用衣類の購入費、セミナーや研修への参加費・交通費、借り入れの支払利息などをすべて経費として計上できる。

あるいは、開業医であれば、医院の修繕目的の医療機器や備品の購入費（30万円以下）、業務を手伝う家族の給与、業務に関連する交際費・福利厚生費・会議費・旅費などが経費になる。

このように、ノイジー・マイノリティは税金で優遇されているわけで、これは極めて不公平である。給与所得者も同様の税制にすべきだ。順番に説明しよう。

親への仕送りは経費にすべき

❶教育にかかった学校関係の費用を還付し、奨学金は払い終わるまで経費計上できるようにする

今の収入を稼げているのは、教育を受けたからである。したがって、その教育にかかった学校関係の費用は一定のルールに基づいて還付し、奨学金も払い終わるまで経費として収入から差し引く。このところ返済不要の給付型奨学金が拡大しているが、私は反対だ。奨学金は自分が勉強したいと思って受給したのだから、自分が責任を持って返済すべきである。ただし、課税対象からは除外する。

❷仕事用の書斎・机・椅子・パソコン・プリンターなどの購入費を減価償却・経費計上できるようにする

私が昔から提唱している「書斎減税」だ。給与所得者の家族が複数いれば、当然、その分も対象となる。

❸住宅関連コストを減価償却・経費の対象にする

購入した住宅の減価償却を認め、住宅ローンの金利や修繕費を経費として計上できるようにする。賃貸の場合は家賃に加え、光熱費なども収入から差し引けるようにする。アメリカはそういう制度だから、住宅関連の消費が旺盛なのだ。

❹専業主婦・主夫に対する「家庭内給与」を設定する

家事や育児に必要な対価（家庭内給与）を経費とみなす。仕事をしている夫か妻の所得から最大50％まで控除できるようにする（割合は自分たちで設定）。

❺旅行費用を家族分も含め経費計上できるようにする

旅行や出張は自身の見聞を広める貴重な機会だ。家族で行けば絆が強くなるし、経済波及効果も大きい。「全国旅行支援」で政府が国民に恵むようなやり方を許容してはいけない。

❻家族との外食費を経費計上できるようにする

外食が増えて飲食店も潤い、消費が拡大する。青色申告では取引先との会食以外は経費と認められないが、実際は家族などとの外食費も、ほぼ見逃されている。

❼子供の教育費（❶の学校関係以外の家庭教師代、塾代、参考書代など）を経費計上できるようにする

これは当然だ。私は国公立学校を廃止し、その代わり国公立の授業料に相当するクーポンを渡して、どの学校にも行けるようにするシステムも提言している。教育を文部科学省の軛（くびき）から解放すべきだからである。

❽子供が遠隔地の学校に進学したら、生活費や仕送りを親の収入から控除する

実家から通学できない地域の学校に進学した場合は親の負担が非常に重くなるので、それを軽減する。

❾親への仕送りを子供の収入から控除する

❽の逆で、子供が親に仕送りをしている場合は子供の収入から控除する。私も親に仕送りをしていたが、今後は高齢者問題がますます深刻化するのだから、行政上の対策だけでなく、税制上の措置も必要である。

❿標準より大きな住宅、第2住宅などの優遇措置

標準より大きな住宅への優遇措置は、日本人が〝うさぎ小屋〟から脱却するために重要だ。したがって、標準的な住宅の土地面積や床面積よりも大きい住宅を建てた場合は税金で優遇する。また、欧米では国民が第2・第3の住宅（別荘）を持つことで経済が大きくなった。今の日本にそういうブームを引き起こせば、経済が膨らんで「低欲望社会」からの脱却にもつながる。ただし、それをエアビーアンドビーなどで貸して儲けた場合は、その収益を差し引かねばならない。

「少子化」に歯止めをかけるために

⓫妊娠・出産にまつわる全経費を医療費控除の対象にする

現在も、妊娠と診断された女性が1年間に10万円以上（総所得が２００万円未満の場合は総所得の５％の金額以上）の医療費を支払った時は、定期検診代や通院費が医療費控除の対象になる。しかし、妊娠検査薬代や予防接種代、里帰り出産時の交通費、入院用パジャマや洗面道具などの費用、赤ちゃんのおむつ代・ミルク代などは控除対象にならないので、それらもすべて対象にする。また、少子化対策として、所得と関係なく全該当者に適用する。

⓬子供を1人産んだら所得税を半減し、2人産んだら2人目が6歳になるまでは所得税ゼロ、3人目以降は逆に定額を支給する

これは少子化対策に成功しているフランスの「N分N乗方式」を参考にした税制で、子だくさんな世帯ほど優遇されるわけだ。3人目以降は、たとえば子供1人あたり10万円を支給し、所得税も末子が6歳になるまではゼロ。6歳で区切るのは、小学校・中学校は国公立に行くと授業料がかからず、高校も世帯年収910万円未満は私立も含めて無償化されたからである。このくらい思い切った手を打たないと、少子化に歯止めをかけることはできない。

⓭通勤に利用する自家用車の減価償却費、リース代、ガソリン代、車検費用、保険料・税、駐車場代などを経費計上できるようにする

農家や漁師、自営業者などは業務で使う軽トラックなどの車検費用や自動車関連税が経費計上できる。それと同じにするだけだ。

⓮老後に備えた保険料などを経費計上できるようにする

「人生100年時代」の老後は、公的年金だけでは足りない。老後30年間で約2000万円が不足するとされる「老後2000万円問題」に対応するためには、公的年金以外に若いうちから個人年金保険に加入しておかねばならないし、がん保険や医療保険も不可欠なので、それらの保険料を経費として収入から差し引く。

⑮家政婦（夫）や介護士などの費用を経費計上できるようにする

家政婦や介護士を雇ったら、その費用を収入から差し引く。そうすれば共稼ぎ家庭、1人親家庭、介護が必要な老親がいる家庭の負担が軽減されるし、専業主婦・主夫が働きに出られるようにもなる。それと同時に、シンガポールや香港、ドバイなどのように外国人の家政婦や介護士を大量に受け入れなければならない。

⑯不動産のキャピタルゲイン（譲渡益）税を保有期間によらず一律20％にする

個人で保有している不動産を売却した時のキャピタルゲインは他の所得と分離されて課税され、売った年の1月1日現在で保有期間が5年を超える「長期譲渡所得」の場合は20％だが、5年以下の「短期譲渡所得」の場合は39％と2倍になる。これはバブル期に横行した不動産の短期転売規制の名残なので、保有期間に関係なく20％に統一する。

⑰銀行預金の金利課税廃止

銀行預金は雀の涙ほども金利が付かないのに、それに対して20％も課税するのは、とんでもないことだ。即刻廃止すべきである。

富裕層の資産をいかに引き出すか

⑱金融資産運用益への課税廃止

現在、金融資産運用で得た利益（配当金・譲渡益）には20・315％の税金が課せられる。

だが、岸田首相は看板政策「新しい資本主義」の目玉として「資産所得倍増プラン」を打ち出し、預金・現金で保有されている1000兆円以上の個人金融資産を「貯蓄から投資」にシフトさせることを目指しているのだから、金融資産運用益への課税は廃止すべきである。現状維持では「貯蓄から投資」のマインドはつくれない。

⑲郷里や特定自治体への寄付は収入から控除する

日本人をせこく卑しくしている「ふるさと納税」は廃止し、自分の故郷や応援したい自治体への寄付は全額を収入から差し引けるようにする。

⑳国、自治体、NPO、NGOなどへの寄付は寄付額の10倍を相続税対象から除く

たとえば、国に1億円寄付したら10億円を相続税の対象から除外する。この制度ができたら、富裕層の大半が少なくとも保有資産の1割を寄付するだろう。

なぜなら、相続税の税率は、法定相続分に応ずる取得金額が1億円を超えると1億円増えるごとに40%から5%刻みで55%まで上がっていくからだ。取得金額が10億円なら5億5000万円を納めなければならないのである。相続税がないシンガポールやオーストラリアなどに移住する富裕層が多いのは、それを避けるためだ。

しかし、1割の寄付で残り9割に相続税がかからないとなれば、後顧の憂いがなくなった富裕層は、日本に住んだまま気楽にカネを使うようになるはずだ。

㉑国家に貢献した多額納税者の顕彰制度をつくる

たとえば、消費税を除く総納税額が50歳までに1億円、60歳までに2億円、70歳までに

3億円を超えたら生涯所得税をゼロにする。
この条件をクリアするためには若い頃から相当な収入を得ていなければならないが、それでも死ぬまで所得税を払う必要がなくなるとなれば、積極的に税金を払うインセンティブができる。これは、富裕層の財布の紐を緩めて資産を引き出す手段として非常に有効だ。

以上21項目の政策を実行すれば、「サイレント・マジョリティ」の生活は必ず豊かになるはずだ。

一方で、全体の税収が減ってしまうのではないかという疑問が出るかもしれないが、私は全く心配していない。これらの政策によって個人金融資産が市場に出てきて消費がどんどん拡大し、経済が活性化して日本特有の〝疾病〟である「低欲望社会」から脱することができるからだ。所得税や相続税が減った分は、消費税の増収などでカバーできると思う。

異論反論は多々あるだろうが、とにかくやってみることが重要であり、結果は5年後に議論すればよいのである。

今はその存在目的さえ不明確な連合が、政策集団として「サイレント・マジョリティの国づくり」の牽引役になることを期待したい。

第3章

生き残りのカギは「スパイク型」

―自分の強みを尖らせろ―

いわゆる「選択と集中」とは違う

日本企業の衰退ぶりは目に余るものがある。かつてベスト10の常連だった世界の時価総額ランキングは、今や日本勢トップのトヨタですら40位（2022年）に後退している。

最先端のユニコーン企業も、日本は残念なほど少ない。序章で解説したように、政府はスタートアップ担当大臣を置いて、投資額を積み増せば、次々とスタートアップ企業が生まれてユニコーン企業に成長するかのような淡い期待を抱いているようだ。経団連（日本経済団体連合会）も歩調を合わせるように、5年後にスタートアップやユニコーンを10倍に増やす目標を掲げている。しかし、現状を見る限り、それらは全く根拠のない夢物語にすぎない。

「第4の波」が到来する中で、多くの日本企業は「第2の波」の成功体験から抜け出せず、変革が全く進んでいない。そのため、時代に合わせた変革が進まず、グローバル競争での存在感がなくなってしまった。だが、サイバー社会をリードするのは、1つの分野で尖った強みを持つ企業＝「スパイク型企業」だ。実際、GAFAMは自社の強みを徹底的に強化し、圧倒的なスケールで〝見えない大陸〟を支配している。

「スパイク型」というと、かつて日本企業の間でV字回復のキーワードとなった「選択と集中」を連想する人もいるかもしれない。しかし、「選択と集中」は往々にして、いま儲かっている事業に注力することが多かった。それでは、短期的には業績が回復しても、中長期的には生き残れない。

自社の事業領域を明確に定義し、1つの分野で尖った強みを持つスパイク型企業となるにはどうすればよいのか。経営者や幹部たちに求められる戦略を考えてみたい。

基調セミナー

自社の強みを徹底的に尖らせる経営戦略 ――21世紀型経済理論③――

必要なのは「見えないものを見る力」

実は今日の話というのは、経営者個人のスタイルというか、考え方、やり方、それにまつわる問題です。なので、本当はけっこう長い時間をとって、経営者の個人的なエピソードなどを交えながら立体的にやると面白いんじゃないかと思いますが、とりあえずそのエッセンスを紹介できたらと思っています。

日本企業の場合、これまでの経営者のスタイルというのは、比較的まろやかな「和をもって貴しとなす」というような形でもって、工業化社会の日本で育った方が多いと思います。

ところが21世紀というのは、私が以前から言っているように全然違う環境になっています。1つはやっぱりサイバー社会ですね。これは、全く見えない世界に分け入って、そこを見ていく力、すなわち「見えないものを見る力」というものが必要です。それから、ボーダレス経済。これはまた、従来とは全く異なる国境なき世界というものを相手にしないといけない。

そしてもう1つは、マルチプル経済。私が20年以上も前に書いた『インビジブル・コンチネント（見えない大陸）』（日本語版は『新・資本論―見えない経済大陸へ挑む』東洋経済新報社）という本の中で提起したマルチプル――株価収益率のようなファイナンシャルの面で評価される価値を武器として使って、よその会社を買収したり、あるいはそれを元に自分たちのやりたいことに大胆な投資をしたりといった、従来なかった新しい経済において他を圧倒して生き残っていかなくてはなりません。

ということは、まず方向性ですね。これを、シャープに決めていく必要があります。自分の行く方向をバシッと決めて企業経営をしていかなきゃいけない、お客さんを呼び込んでいかなきゃいけない、ということです。

これはけっこう難しいことで、従来とは違う発想が要求されます。これまでの経営が「パッケージ型」というか、バランスの取れたものというふうに考えると、それとは反対にバランスを考慮しない「尖った経営スタイル」というか、そういう発想ができるかどうかがカギになります。また、経営者のキャラクターとしても、従来の日本企業ではあまり評価されなかった「尖った人間」が必要とされるようになってきています。

そんなことを言われても、今さらキャラは変えられない――というのであれば、キャラの違う人と一緒にやるとか、そういう人材を引きずり込むといった仕掛けを考えなくてはいけません。

企業の「尖った強み」が注目される背景

ここまで見てきたように、「第4の波」の特徴というのは、やはり従来とは全然違う種類の企業が世界的に巨大化しておりまして、アメリカのGAFAとか中国のBATH（バイドゥ、アリババ、テンセント、ファーウェイ）と呼ばれている企業が代表的なものです。GAFAというのは、いわゆるプラットフォーマーです。私はこのプラットフォームというコンセプトに、1990年代の後半に気がつきまして、先ほど言った『インビジブル・コンチネント』という本の中では、「富はプラットフォームで作られる」ということを第2章に書いているんですね。このような言葉を企業経営に即して使ったのは私のこの本が最初だと思いますが、今ではこれは経営用語になっています。その後の隆盛ぶりを見ていると、やっぱりプラットフォームは強いなと思います（図表45参照）。

実は、このプラットフォームというのは、人が集まってくる、交通が集中してくるというふうなコンセプトで私が提案したんですけれども、このプラットフォーマーと呼ばれる企業が、とりあえず事業を起こす。起こした後に、そのプラットフォームの強さを使って〝見えない大陸〟のいろいろなところに入り込んでくるようになるわけです。

これがないまま工業化社会の旧習をぞろぞろ、ずるずる引きずっている企業は、なかなか新しい大陸の中で顧客を獲得することができない、競争でも差別化していくことができないということになります。

〝業界の壁〟を破壊し続けるGAFA

プラットフォーマーの典型は、GAFAを見てみると非常にわかりやすいと思います(図表46)。

たとえば、グーグルの強みは無料検索です。これは夜、みんなが眠っている間に、ロボットが世界中のサイトを走り回って情報を集めてくる。それを並べ直して、皆さんが何か検索した時に、サイバースペースの中で得られた情報を提供する、それが無料です。これはいいなということでもってみんなが集まってくると、余計なコマーシャルを入れたり、いろいろなことをし始めるわけです。しかしながら圧倒的な強みがあるのは無料検索ということで、従来の有料検索に対して、これはロボットでやっていましたので、無料でも大丈夫だったんです。ヤフーなんかは〝人力〟を使って検索を作っていましたので非常に大変だったと、こういうことですね。

それからアップル。これはiOS、iPhone、iPad、こういうところから圧倒的な強みをもって広がっていった。

フェイスブックはSNSです。ハーバード大学の学生だったマーク・ザッカーバーグ氏が、SNSでみんなでチャットやろうよと呼びかけて無料で始めたのがフェイスブックで

図表45「第2の波」において誕生した近代企業は、「規模の拡大」「選択と集中」の時代を経て、新たな組織形態へ移行しつつある

近代企業の成長と経営組織の変遷

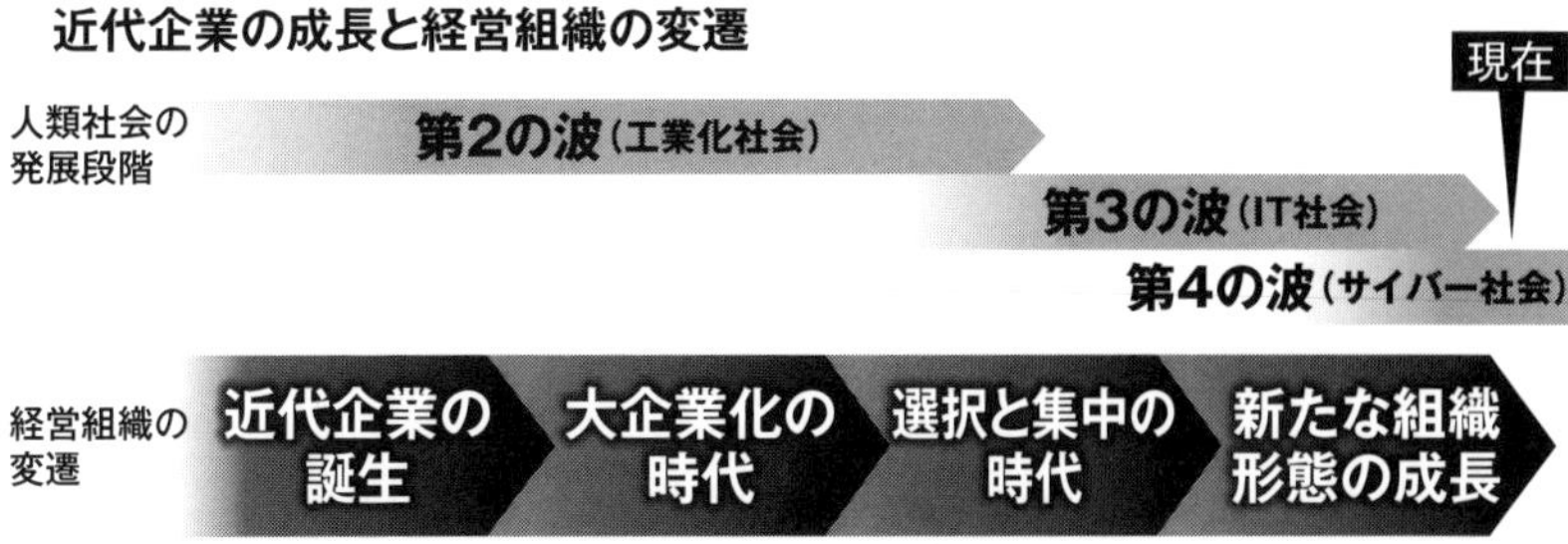

人類社会の発展段階	第2の波（工業化社会）		第3の波（IT社会） 第4の波（サイバー社会）	現在
経営組織の変遷	近代企業の誕生	大企業化の時代	選択と集中の時代	新たな組織形態の成長
年代	19世紀後半	20世紀半ば～	20世紀後半～	21世紀前半～
経営環境	市場化 経済の成長	全国化 経営の専門家 『ジャパン・アズ・ナンバーワン』	国際化 金融市場の発達 インターネットの出現	グローバル化 情報技術の進展 スマホ、SNSの普及 AI、IoT、ブロックチェーン
組織形態	小規模中心 一部大規模化	大規模志向 多角化 垂直統合	大規模志向 専門特化 水平統合	大規模&小規模 外部資源の活用 分散協調エコシステム
例	国営企業 財閥 個人商店	ケイレツ 総合型企業 └総合電機 └総合商社 └百貨店、GMS	専業型企業 └OEM、EMS └SPA └コンビニ	プラットフォーマー └米中IT企業 └ユニコーン企業

（出所）DHBR2017.03.31「全社戦略を立案する：組織の永続に必要な4つの取り組み（琴坂将広）」をもとにBBT大学総合研究所が作成

す。そのほかにもSNSはたくさんあったんですけど、今ではこれがダントツで勝ち抜いたわけです。

アマゾンは、ニューメキシコ州から来たジェフ・ベゾス氏が、ニューヨークから西部に帰ってきて、ニューメキシコでは技術者がいないというので、シアトルで開業しているんです。物流とEコマースに強みがあるのですが、なぜアマゾンが強いのかというと、前述した『インビジブル・コンチネント』という本にも書きましたけれども〝財布（決済手段）〟を握っているからです。何かを売る時に、消費者の財布を握ると、シングル・サインインで他の買い物サイトも全部、征服できます。消費者というのは、自分のクレジットカード情報というものを複数のサイトに登録するのを非常に嫌うからで、これが財布を握った強みですね。それから、物流がものすごく重要になってくるということで、この会社の場合は、商品の大半を自分で仕入れ、倉庫から発送するというやり方です。

「AからZまで」すべてを支配

これらの会社は、あまりにも巨大化したために、ある共通の現象が出ています。自分たちは「AからZまで」すべてを支配するんだというメンタリティです。だから、グーグルは親会社の社名を「アルファベット」としました。AからZまで全部やるんだぞ、ということですね。このメンタリティは、サイバー空間を全部支配しなくてはいけない、という発想からきているんですね。

図表46 GAFAは1つの分野において圧倒的に尖った強みを持ち〝見えない大陸〟を支配、ITで業界の壁を破壊し続けている

GAFAの圧倒的に尖った強み

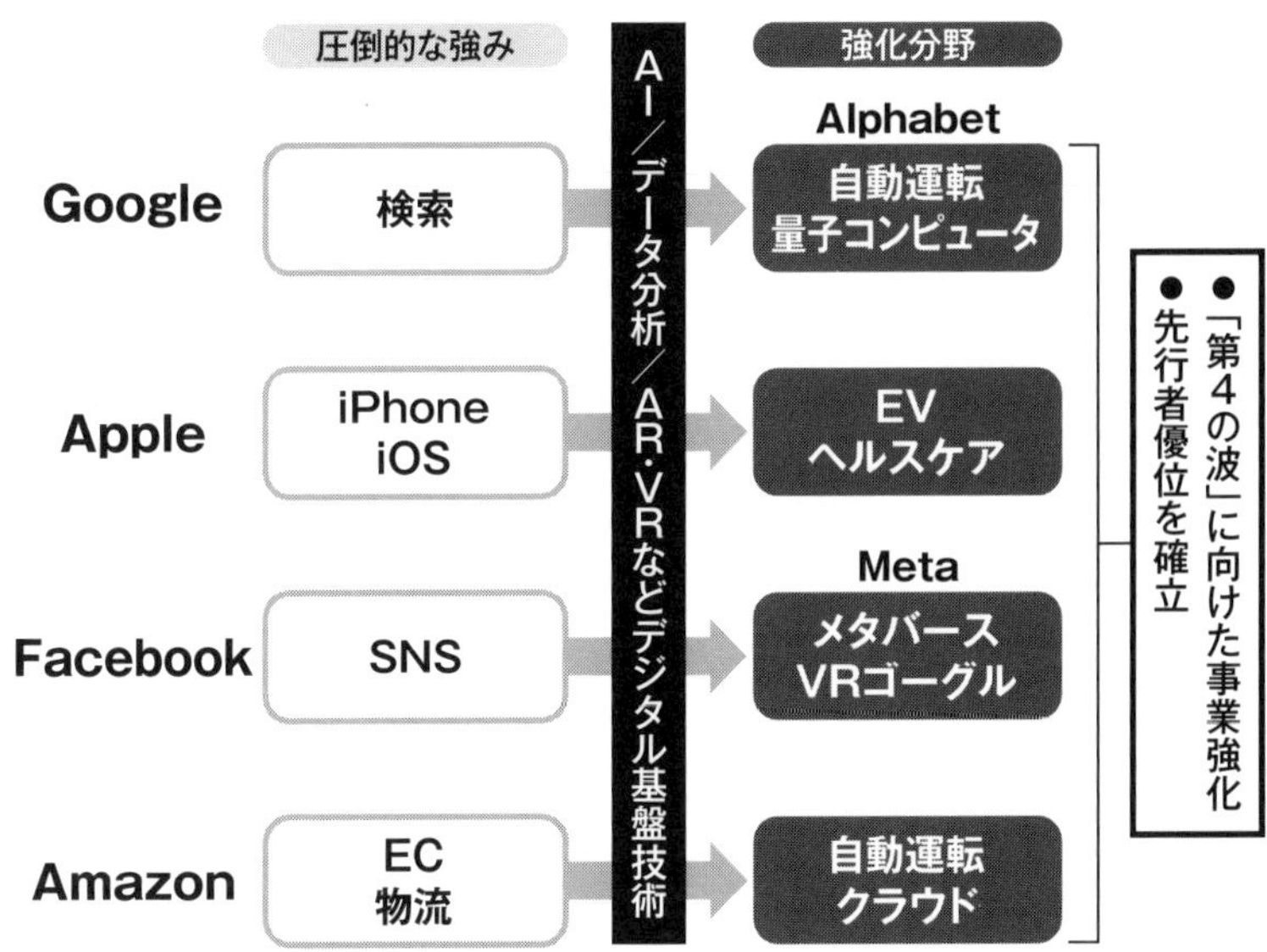

- 圧倒的な強みにより、世界規模で高シェアを獲得
- ITで業界の壁を破壊し、異業種へ積極的に進出

- 「第４の波」に向けて、主にM&Aによって次のコアコンピタンスを強化
- GAFAとテスラの経営を一望してみて、最も強みと面白みがあるのは、グーグルのアルファベット。自動運転と検索を起点として、地球とサイバー空間はグーグルに支配される。

（出所）BBT大学総合研究所

一方、アマゾン。ジェフ・ベゾス氏も同じことを考えていまして、AからZだと。皆さんわかります？　アマゾンのロゴの下に矢印がついているじゃないですか。この矢印は、「Amazon」の「A」から「Z」まで行っているんです。矢印の先は「Z」じゃないですか。グーグルと発想が全く同じなんですよ。このロゴは、ジェフ・ベゾス的に言うと、AからZまで全部取る、世界最大の小売店になるということで、この会社を起業していますからね。

フェイスブックは「メタ」と名前を変えましたが、それは今後の強化分野であるメタバース（バーチャル上の仮想空間）から来ています。「メタ（超）＋ユニバース（宇宙）」ということで、これは地球よりも大きな宇宙を超えたすべてを見据えています。

アップルは、子供が最初に覚えるアルファベットは「Apple」の「A」であり、アダムとイブの「創世記」に出てくる象徴（リンゴ）でもあります。

グーグル（アルファベット）の強化分野は、自動運転と量子コンピューター。アップルの場合は、EVやヘルスケア。そしてアマゾンは自動運転とクラウドです。

いずれにしても、このようにして、「第４の波」に向けた事業の強化が行なわれている。その様子がよくわかると思います。

「パッケージ型」と「スパイク型」

日本企業で、こういうトランジション（変貌）を遂げたところというのはないんです。

その理由は、世界ダントツ1位という領域を獲得できているところがほとんどないからです。とくにサイバー社会も含めて、新しい経済空間でそういうことができているところがないということで、あくまでも従来の経済空間、「第2の波」の工業化社会、リアルワールドで強くなっていて、ここからなかなか発想が転換できていません。

したがって、得意な事業Aから始まって、似たような事業B、そこから派生した事業C……という形で、事業部制とかそういう組織でもってだんだんと大きくなっていきます。

しかし、これらの事業を見ると、圧倒的な強みを持っている事業は少なくて、結局、中程度の競争力を持ったものを横に並べて、いわば「パッケージ型」でやっている状態です（図表47参照）。これが日立、三菱、東芝など、そういう企業グループに共通のものですね。

まあ、新興国などでも、こういう企業が多いんですけども、世界的に圧倒的な強さを持ったものが少ないというところが悩みの1つでして、じゃあどうするのと言われた時に、収益性がだんだん落ちてきます。その結果、資金不足、銀行依存と、こういうふうになってくるわけですね。それに対して、「第3の波」以降のモデルは、突出した事業をもつ「スパイク型」で、Aという事業が圧倒的に強いというものです。たとえば、グーグルの場合、検索だったら敵う相手がおらず、しかもそれは無料であると。無料で集めて、後でマネタイズ（有料化）するという、こういう発想はなかなか従来型の企業にはできないんですね。

このスパイク型企業というものが今、いくつか出てきています。そういうところに投資が集まりやすいのです。それで、そのお金でもって次の強化分野を圧倒的に強くしていくという好循環が生まれていきます。

日本企業が低迷する原因

日本企業のパッケージ型のやり方というのはどのようなものか。実は、事業の多角化には、最適点があります（図表48参照）。多角化のピークというか、企業業績を見ると、それ以上多角化をしていくと、だんだん落ちこぼれが出てくるという状況になります。

なぜそうなるかというと、トップから見ていて、すべての事業分野には目が行き届かないため、たまたま業績が良かった事業が頑張ってくれたということで、次の社長はそこから選ぶということになりがちです。そうすると、今度は不振が続く事業に対しては力が入らなくなり、それが足を引っ張るために、全体の業績まで下がってきます。

あるいは、たとえば三菱重工業。この会社の難しさというのは、軍隊や防衛省などにも共通するんですけれども、軍隊に陸、海、空とあるように、三菱重工業というのは、まさにこの3つの事業を持っているんです。原動機と船舶、それから航空機ですね。これらは、全く違うものですけども、新たに航空機の人がトップに就いたら、やっぱり船舶と原動機の人はすねてしまうので、その調整が難しいんですね。しかも、常務や副社長ぐらいになるまで、ほとんどの人がその事業1本で来ちゃっていますから、三菱重工業のトップとして、いわば3軍の長になった時に、なかなか3軍をバランスよく率いていくことができな

図表47 「見えない大陸」は巨大なため、経営資源を分散させずに、1つの分野に焦点を絞り込んで競争力を高めた企業が勝つ

「第2の波」の企業（パッケージ型）	「第3の波」の企業モデル（スパイク型）

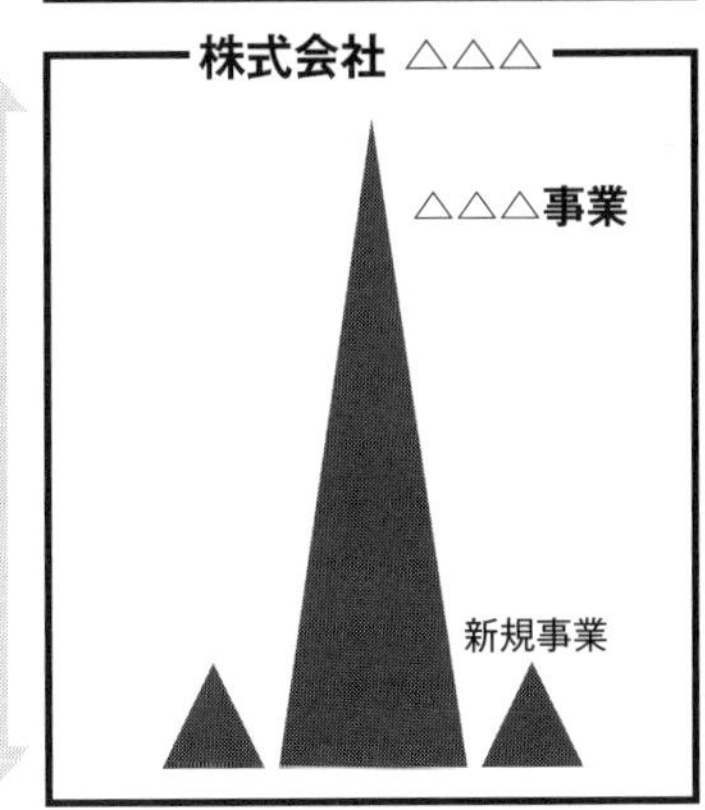

社名＝グループ名＋事業名
（例：三菱、日立、GEなど）

高度成長期の日本や新興国に多いモデル

- **事業が多岐にわたる**（パッケージ）、**圧倒的な強みがない**
- 事業間で対立が発生しやすい
- 事業の判断基準が不明確で、投資が集まりにくい
- 資金が不足するため、競争力が弱くなる

社名＝製品・サービス名
（例：グーグル、アマゾンなど）

先進国やIT企業に多いモデル

- **ある1点において、尖った強み**（スパイク）**がある**
- 1つの分野に特化して〝自社の強み〟を徹底的に磨いている
- 事業の判断基準が明確で、投資が集まりやすい
- 新規事業に多額の資金が投入できるため、さらに強くなる

（出所）BBT大学総合研究所

いという問題があります。

だから、トップに就くと、必ずみんな「横串を刺して全社融合してやっていこう」と言うんですけれども、それを実現した人はなかなかいないんです。いざ上に立ってみると、我が社にはこんな強さもあることがわかったので、ここに横串を刺せれば……と言い出す経営者を私は何十人も見てきましたが、実際に横串を刺して成功した人はいません。つまり、横串ってないんですよ。そういうふうなものを、錯覚によって強化する。そのうちに2期4年とか3期6年の任期が終わってしまう。

多角化の程度と業績の関係をもう少し詳しく見ていくと、「単一事業」というのは非常に強くなる可能性があります。ただし、ツイッターみたいなビジネスは、お客さんは非常に多いんですが、なかなかマネタイズするのは難しいですね。

それから「関連型多角化」というのは、シナジー（相乗効果）のある事業ポートフォリオが組めた企業の場合で、たとえばテスラは今いくつかの事業をやっていますが、EVと電池というところが共通です。だから今後、家庭向けの太陽光発電の蓄電池なども、同社の製品が最も安くて有効であるというようなことで、どんどん横に広まっていく可能性はあります。また、日立は非常に大胆な事業のポートフォリオの整理をしまして、IoT基盤によって統一的に推進できるものに集中しようと言って、鉄道、物流、送電といったインフラ事業に注力しています。

それから、「非関連型多角化」というのは、たとえば総合商社などが良い例ですね。い

図表48 **企業の多角化には最適点があり、シナジーのある事業ポートフォリオを構築することで、業績を最大化することができる**

多角化度と企業業績の関係

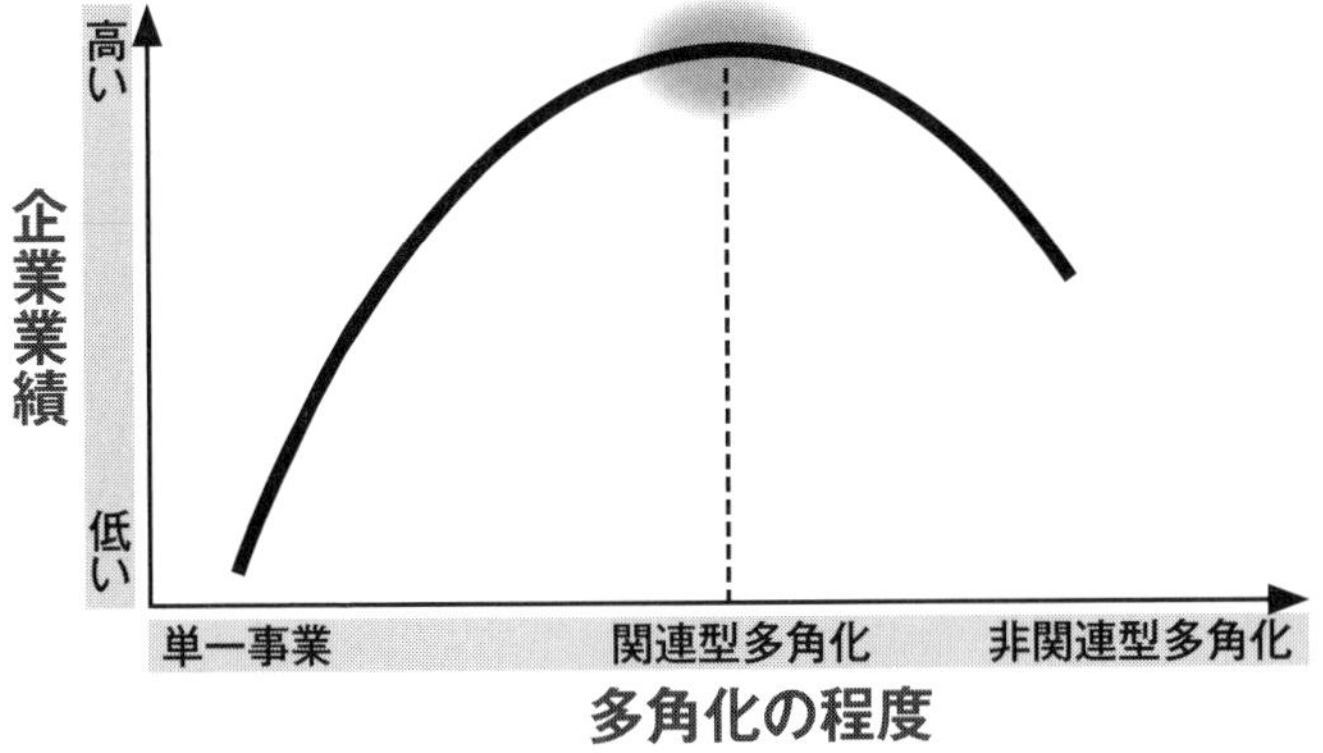

（出所）「日本経済新聞」2021年4月5日付をもとにBBT大学総合研究所が作成

多角化度による違い

単一事業	**専業企業は本来得られるはずのシナジー効果を実現できず機会損失がある** 例）ツイッター＝利用者は多いがマネタイズが課題
関連型多角化	**シナジーのある事業ポートフォリオの選択と集中を進めることで、業績を最大化できる** 例）●テスラ＝エネルギーソリューション（EV＋電池） ●日立＝鉄道、物流、送電などのインフラ事業をIoT基盤によって統一的に推進
非関連型多角化	**非関連の多角化が行きすぎるとシナジーを実現するコストが高くなり、かえって業績が低下する** 例）●総合商社＝鉛筆からロケットまで ●GMS＝欲しいものが何でも揃う

わゆる「鉛筆からロケットまで」ということで、総合商社と呼ばれますが、たとえば、三菱商事は資源・エネルギー関係が主流です。丸紅は食品分野で強い人が上のほうに行っていますし、伊藤忠であればアパレル関係の強い人が上のほうに行くという傾向があります。だから、日本の場合、総合商社というのはいろいろなところで他の会社を圧倒して強いんですが、本当に強い分野というのはやはり商社によって違うんです。

それから国別で見ても、たとえば、かつて丸紅はフィリピンに非常に深く食い込んでいるというように、商社によって得意・不得意なところがあって、様々な意味で多角化が行きすぎるとかえって業績が下がるという例もありました。

際立つ日本企業の利益率の低さ

さらに、国際比較をすると面白いんですけれども、デロイト・トーマツ・コンサルティングの情報で、日本とヨーロッパ、アメリカ企業の営業利益率の比較があります。

図表49を見ると、日本企業は、相対的に小規模・専業というところが、けっこう高い収益を上げています。8・8％というのは、営業利益率ですね。それから、巨大企業で多角化しているところは、利益率が非常に低くなっています。

それに対してアメリカ企業は、小規模で専業という企業は赤字です。巨大で多角化したところは利益率が高い。

また、ヨーロッパの企業になりますと、小規模企業はおしなべて利益率が低い傾向があ

図表49 国際比較をしてみると、多角化して巨大な規模となった日本企業の利益率の低さが際立っている

日欧米企業の規模と多角化に応じた営業利益（%）

日本

	小規模	中規模	大規模	巨大規模
専業	**8.8**	5.9	6.5	7.0
準専業化	7.4	5.3	6.2	6.2
準多角化	6.2	5.7	5.2	4.7
多角化	5.1	5.4	5.4	**3.0**

アメリカ

	小規模	中規模	大規模	巨大規模
専業	**-0.5**	11.4	7.7	10.4
準専業化	4.7	11.5	10.7	7.8
準多角化	9.9	9.2	8.3	8.6
多角化	**-15.2**	9.0	11.0	**13.7**

EU

	小規模	中規模	大規模	巨大規模
専業	**-3.4**	10.9	10.0	8.6
準専業化	5.9	11.6	9.0	6.6
準多角化	**-6.5**	9.3	5.6	8.3
多角化	8.5	7.3	4.7	**13.9**

規模（売上高） 小規模：～500億円、中規模：500億～5000億円、大規模：5000億～2兆円、巨大規模：2兆円～

多角化度 専業：～10%、準専業：10～30%、準多角化：30～50%、多角化：50%～

（出所）デロイト・トーマツ・コンサルティング

ります。赤字のところがけっこうあるんですね。一方、巨大で多角化している企業は、事業ポートフォリオの組み換えを非常に激しくやっているドイツのシーメンスに代表されますが、収益率が極めて高くなっています。かつてシーメンスと並び称されたGEや日立もシーメンスを参考にしていますが、やはりシーメンスは圧倒的です。

1+1が2にならない多角化

パッケージ型企業では、複数の事業を抱えながらそれが単純な足し算にならない、という事態が起こります。そういった状態は「コングロマリット・ディスカウント」(複合企業の企業価値が、事業ごとの企業価値の合計よりも小さい状態)と呼ばれます(図表50参照)。

これは、多角化を進めて複数の事業を拡大していく過程で、最適点を超えると、1+1が2にならない、1+2+3が足し算にならないという状況を指します。

これは要するに、できることを全部やっていきたいというパッケージ型企業の特徴なんですね。ですから、最適点を超えてから落ちてくるというところがあります。どこかの時点でポートフォリオを入れ替えて業績を高めることができればいいのですが、それができないと企業の成長は鈍化・停滞してしまいます。

自社の強みを徹底的に尖らせている企業事例

では、この尖ったスパイク型企業が何をやっているかというところを見ていきます(図

図表50 複数の事業を抱えたパッケージ型企業は〝コングロマリット・ディスカウント〟から脱することができずに、成長が停滞している

コングロマリット・ディスカウント*のイメージ

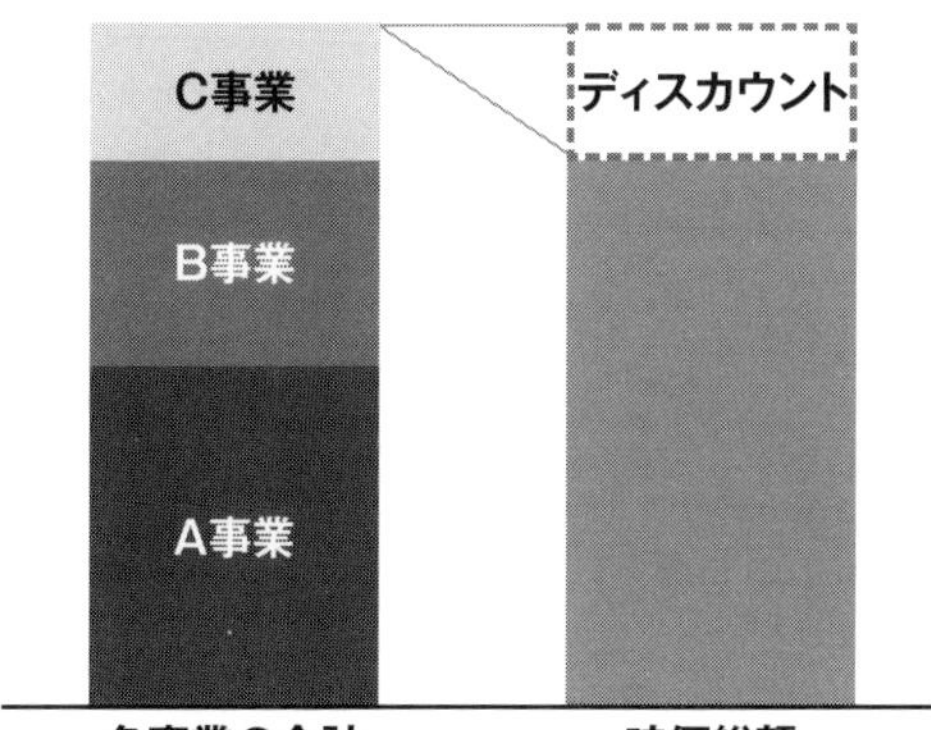

＊多くの産業を抱える複合企業（コングロマリット）の企業価値が、各事業ごとの企業価値の合計よりも小さい状態

（出所）BBT大学総合研究所

コングロマリット・ディスカウントが生まれる経緯

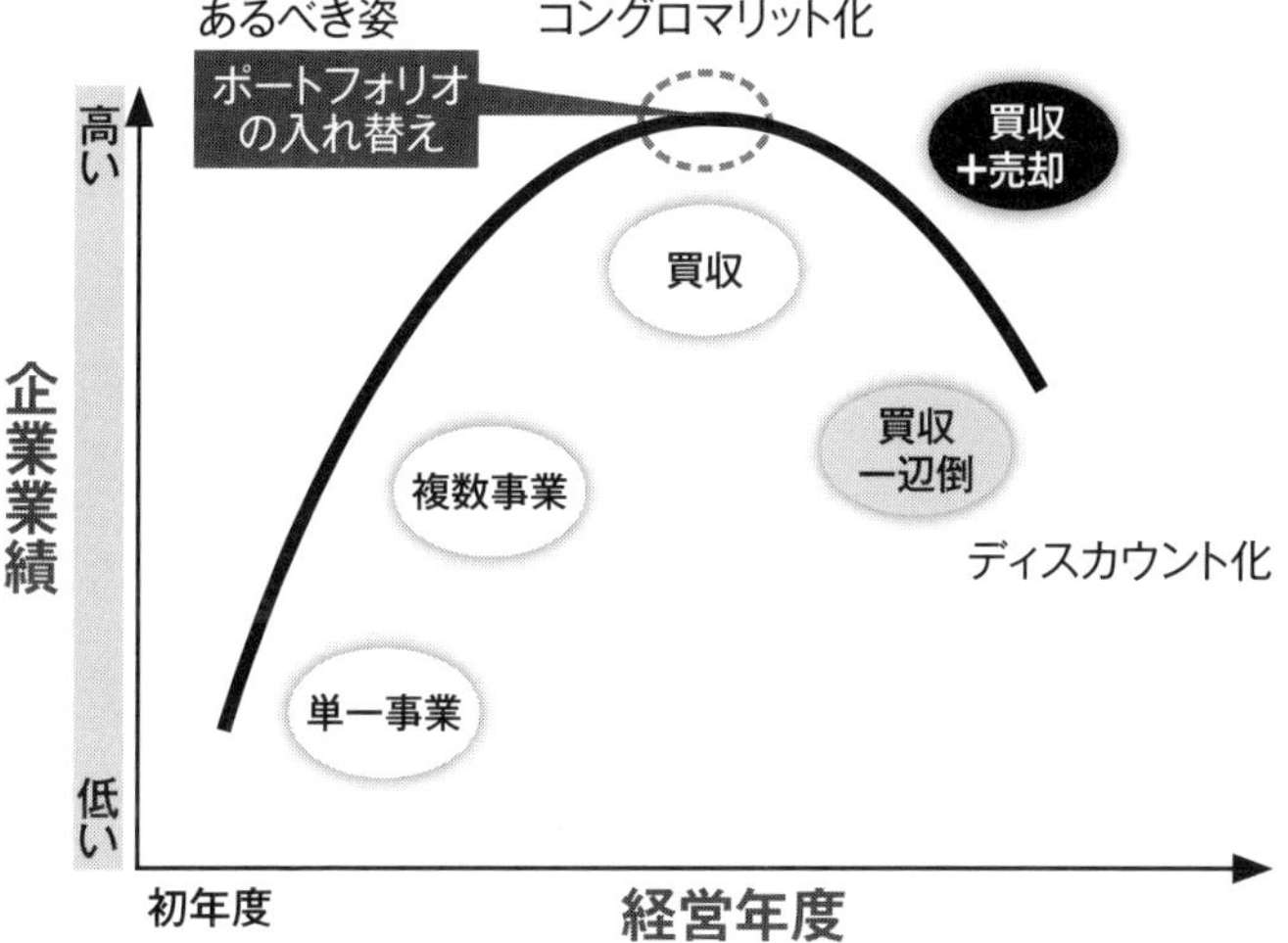

表51参照)。

まずアマゾンは、基本的にEコマースを徹底的に強化していくという中で、そこに関係しているいろいろな会社を40社ほど買収しています。それから、今後強化したい領域で71社を買っていて、たとえばEコマースの関連では、リアル店舗と組み合わせたらどうかということで、ホールフーズのような非常に評判のいい小売企業を買収しています。

それから、ネットフリックスが月々10ドル(約1300円)前後でもって映画などが見放題とやっているのに対抗しようとすると、映画のコンテンツが必要になってきますから、メトロ・ゴールドウィン・メイヤーみたいなものを買ってきている。

それから、物流倉庫です。ここは、ボストンにあったキーバというロボット会社を買っています。これは、YouTubeにも動画が出ているので、ぜひ見ていただきたいんですけれども、目にも止まらぬスピードで、荷物のある棚まで行って、ピックアップして、こっちに持ってきて……という作業をするロボットの会社を買収していますね。だから今、アマゾンの倉庫はほとんどこれが動いている。

アップルも、本業に関する事業分野で27社、それから今後強化したいというところで、顔認証技術やVRストリーミング配信など96社を買っています。

フェイスブック(メタ)は本業で28社、強化領域で77社を買収。

グーグルにいたっては、親会社のアルファベットが本業のところで81社、そのほかの強化領域で実に187社も傘下に入れています。

図表51 GAFAの独占が問題化するなか、祖業以外の分野でのM&Aが増えており、次の事業領域を集中的に強化している

（出所）The Washington Post、ほか各種報道·資料より作成

それから、自動車の領域でこれを見ると、やはり尖った会社が時価総額も高いんです。テスラが今、自動車会社で時価総額がダントツ1位なんですね。それで、トヨタとかフォルクスワーゲンといった販売台数の多いところが後塵を拝しています。中国のBYDも、EVの可能性を期待されていて、時価総額が高くなっています。時価総額というのは「企業が未来永劫続いた場合に得られるであろう利益の現在価値」ですから、尖った企業の場合は、それが高く見積もられているということですね。

テスラは、電池関連・自動運転では500の特許がありまして、今後、EVが盛んになればなるほど、自動運転が盛んになるほど、この会社に特許使用料を貢がなければいけないということも、時価総額が高くなる1つの理由ではないかと思います。

多角化で成功したネスレの強さ

グローバル企業の代表例としてはネスレが挙げられます(図表52参照)。

ネスレというのは、スイスに本社があって非常に多角化した会社ですが、食料品を中心にして、収益の悪い事業でいろいろと修正しようとしてもうまくいかないところは売却するということで、けっこうたくさんの会社を売っています。それと同時に100社以上の会社を買収して、ポートフォリオの入れ替えをやっています。

それで、この買収した会社の経営者をスイスのブベーに集め、1か月ぐらいかけてネスレという会社の歴史、価値観、仕事のやり方、経理のやり方、そういうことを全部、研修

図表52 ネスレは、高まる健康志向やコロナ禍による移動制限問題など、変化する消費者ニーズに合わせてポートフォリオを入れ替え

ネスレの事業別の営業利益率（2020年）

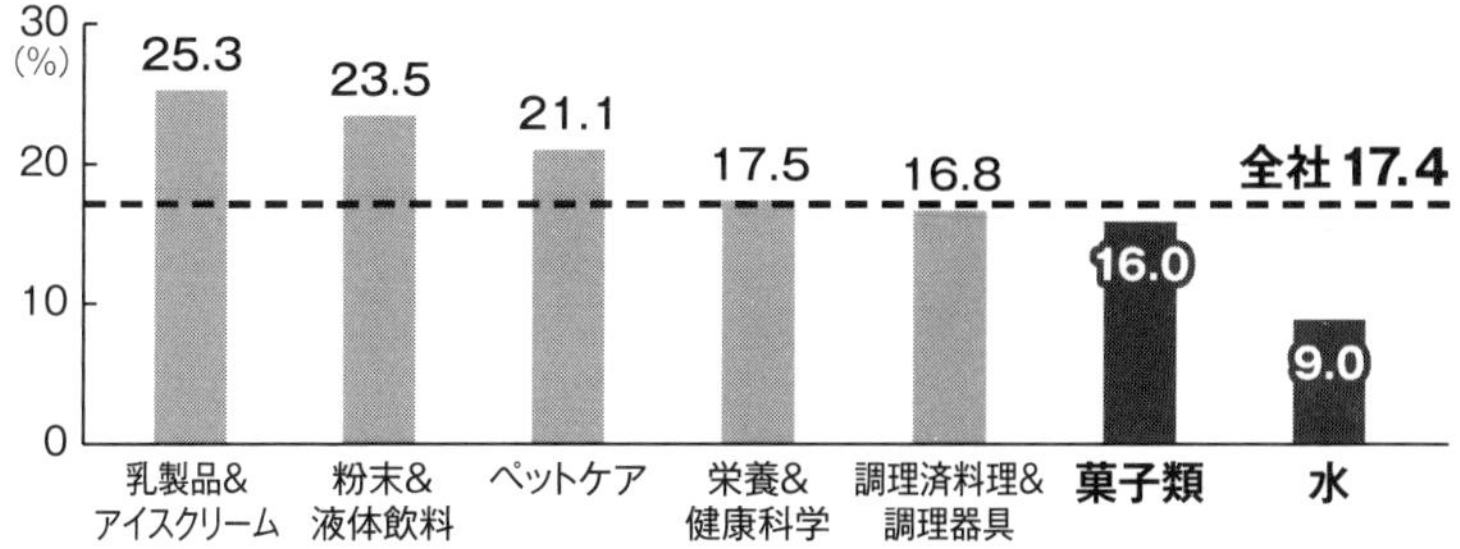

主なポートフォリオの変遷

買収 世界的に知名度が高く、利益率が高いブランドでポートフォリオを構成していることが強み

時期	会社名	事業・品目
2018年4月	テールズ・ドットコム（イギリス）	栄養型ペットフード
2018年5月	スターバックス（アメリカ）	コーヒーの販売権
2020年8月	アイミューン・セラピューティクス（アメリカ）	植物アレルギー治療薬
2020年10月	フレッシュリー（アメリカ）	健康志向の料理宅配
2021年4月	ザ・バウンティフル・カンパニー（アメリカ）	栄養補助食品
2021年5月	ヌーン（アメリカ）	スポーツ飲料

売却 消費者ニーズに合わず、利益率が低下した事業は売却

時期	売却先	事業・品目
2018年1月	フェレロ（イタリア）	アメリカの菓子事業
2019年10月	スウェーデンの投資会社EQT	スキンケア事業
2020年8月	青島ビール（中国）	中国の飲料水事業
2021年2月	ワンロックキャピタルパートナー（アメリカ）	北米の飲料水ブランド
2021年12月	ロレアル・グループ（フランス）	ロレアルの株式4%

（出所）ネスレIR資料

でレクチャーします。その結果、ここを出てきた人は、昔からネスレにいたような気持ちになってしまうそうで、ネスレに買われて良かった、自分たちだけでやるよりもネスレ傘下になったほうがずっといい、と思えるようになるそうです。ここはもう100社以上の企業を取り込んでやっているので、M&Aが非常にうまくなっていますね。

アメリカのジョンソン・エンド・ジョンソンも、傘下に入った企業の経営者をニュージャージーに集めて、そういうことをやっています。ポスト・マージャー（買収後）は社内の人心を掌握することが非常に重要になってきます。その点で、日本の企業はメソッドが確立していません。だから、主体となる企業がそうした仕組みを作っていない限り、結局は征服者と被征服民みたいになって、買収された側の企業のパワーを十分に発揮することができない。このあたりは、ネスレやジョンソン・エンド・ジョンソンというのは、非常に参考になると思います。

富士フイルムとシーメンスも成長

続いて取り上げたいのが富士フイルムです（図表53参照）。皆さん、世界中の写真フィルム会社がひっくり返っていることをご存じですよね。コダックやポラロイドは経営破綻して、もう聞かなくなりました。アグファのような大手フィルムメーカーも、もうありません。

それらに対して、日本の富士フイルムは企業努力をして、コダックと肩を並べるほどに

図表53 かつて低迷した富士フイルムやシーメンスは、自社が勝負する領域を定めて選択と集中を行ない、企業価値を向上させている

富士フイルムの部門別営業利益

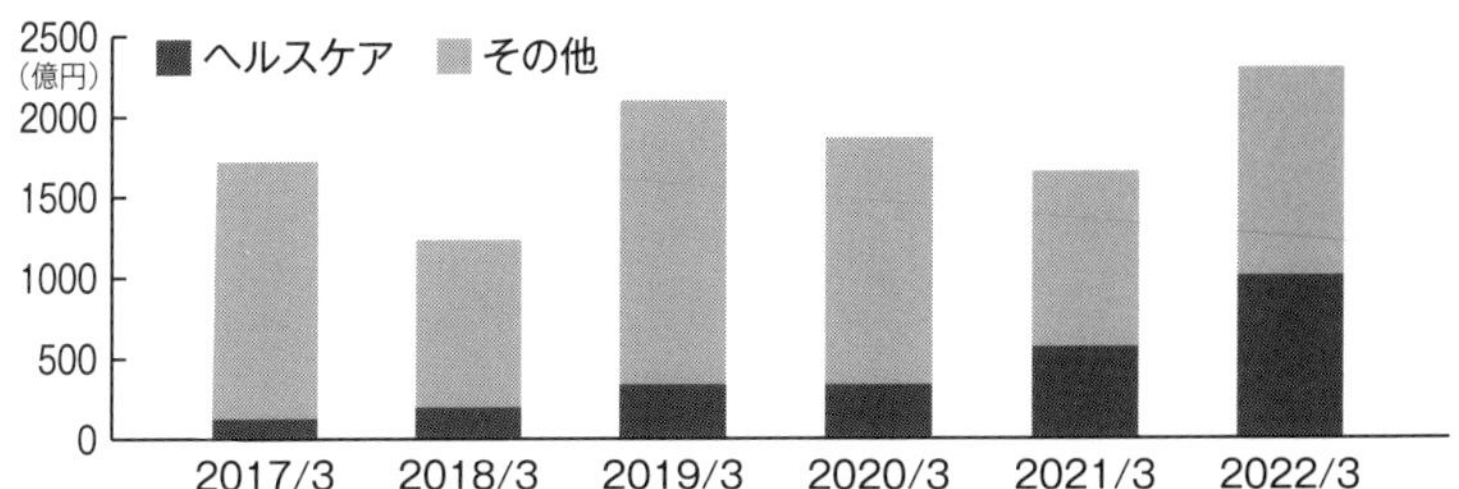

- 成長領域の本命と定めたのが医療分野で、これまでバイオの開発製造受託（CDMO）に計 6000 億円を投じるなど積極投資を続けてきた。
- 2022 年３月期は、医療機器や医薬品 CDMO などヘルスケアが伸び、売上高、営業利益とも部門別で最も稼ぐようになった。これまでの積極投資が収益に結びつきつつある。

（出所）富士フイルムHD IR資料

シーメンスの株価の推移

（出所）Yahoo! Finance、シーメンス

まで成長したと思ったら、写真フィルムの需要自体がなくなっちゃったんです。デジタル化してしまって、フィルムは必要ないということになった。これってすごい衝撃ですよね。本業そのものがなくなってしまったんです。印画紙とかフィルムとかそういうもので稼いでいたのに、ある日突然もう用がありませんと、こうなったわけです。

そこで、古森（重隆・元会長兼CEO）さんが頑張って、それ以外の事業に取り組んで生き残ろうと、富山化学のような将来有望な会社を買収して成長していきました。もともと製造業ですから、CDMO（開発製造受託）ということで、高度医療のものを受託生産するといったことにも参入していった。こういう会社というのは日本企業では珍しいですね。

同じような例としては、住友電工や古河電工のように、かつて電線事業をやっていたメーカーが、今は光ファイバー網の関連事業で業績好調になっています。

このような転換ができる日本企業の粘りというか、機転の利くところは、我々としては記憶しておく必要があると思います。

それから、先述したドイツのシーメンスですけども、激しく事業内容を入れ替えていまして、国家プロジェクト「インダストリー4・0」（※）で強化すると同時に、図表53のように株価がずっと上がっています。だから、世界の重電・巨大企業と言われていたGEとか東芝とか日立とかフィリップスといった企業はみんな横並び一線になっている中で、大きく成長しているシーメンスがものすごく参考になるということで、各社の研究対象になっています。

これはドイツ政府が力を入れている「インダストリー４・０」の流れの中で、非常にうまくできている例ではないかと思います。

※インダストリー４・０／第４次産業革命。ドイツ政府が２０１１年に発表した産業政策。製造業にＩＴ技術を取り入れて改革することを目指している。

半導体企業はどこで明暗が分かれたか

次に、半導体生産について見てみますと、ＮＥＣや富士通などの日本企業は、半導体分野で１９９０年代半ばぐらい前までは非常に強かったんです。当時は、設計・開発・製造までを一貫してやっていました。

その後、そういうやり方をやって成功したのがインテルで、同社にそれができた理由は、インテル・インサイド、すなわち「ＧＡＦＡＭ」の一角の「Ｍ」にあたるマイクロソフトと組んで、ＰＣの中のＣＰＵ（セントラル・プロセッシング・ユニット＝中央演算処理装置）というものをずっとやって大成功しました（図表54参照）。

けれども、それから世の中は変わりまして、今では設計・開発をしないで製造だけを、ものすごい効率でもってやる台湾のＴＳＭＣのようなところが非常に強くなっている。

それから、アーム（ＡＲＭ）という会社があります。これは、ソフトバンクが３兆円で買ったイギリスの半導体会社ですが、設計に特化しています。今はこの企業が「イギリスの国宝」と答える人が多いそうで、ソフトバンクの孫（正義）さんも、これを買う時に「ちゃんと育てます」と言っていましたが、一時は売却に傾いた時期もありました。

ファブレス（製造）のエヌビディアは何をやっているかというと、この会社はグラフィック・プロセッシング・ユニット（GPU）です。ゲームとか、ああいうグラフィックなどをコントロールできる演算装置を作っています。

なぜ今、この会社が注目されているかというと、自動運転です。自動運転の場合、進行方向に何かが飛び出してきた時に、それを瞬間的に、あれは人か犬か、何か別の物体なのか、それにはどう対処すればいいのかといったことを判断することは、単なるCPUではできないんですね。グラフィックで膨大なデータを把握して、即座に判断できるようにしないといけない、ということになります。

だから、エヌビディアもゲームだけだったらそれほど複雑ではないんですが、今後の自動運転「レベル5」などでは、この技術が圧倒的に重要ということになって、この会社もファブレスで生き残りをかけています。

アパレル大手「ルルレモン」急成長の秘密

さらに、アパレル関係。この業界は、長らく序列トップ3が〝御三家〟として君臨していて、スペインのインディテックス（ZARA）が1位で、それからファーストリテイリ

図表54 半導体プロセスの1部分に特化した企業や、半導体分野の1領域に特化している企業の評価が高い

半導体の分業構造

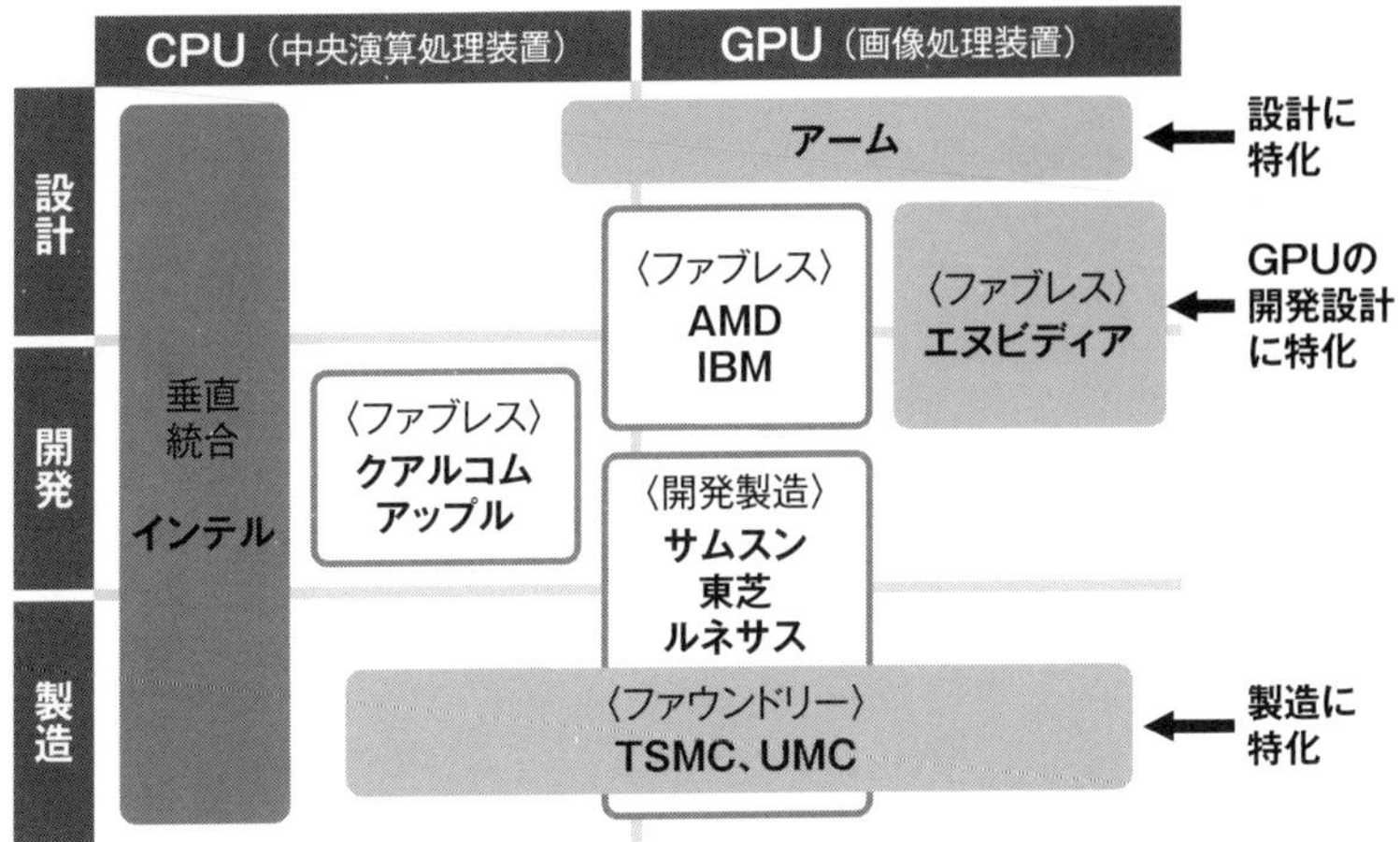

(注)アームはソフトバンクグループが保有(エヌビディアへの売却を断念)　(出所)各種報道資料より作成

主要半導体企業の時価総額推移

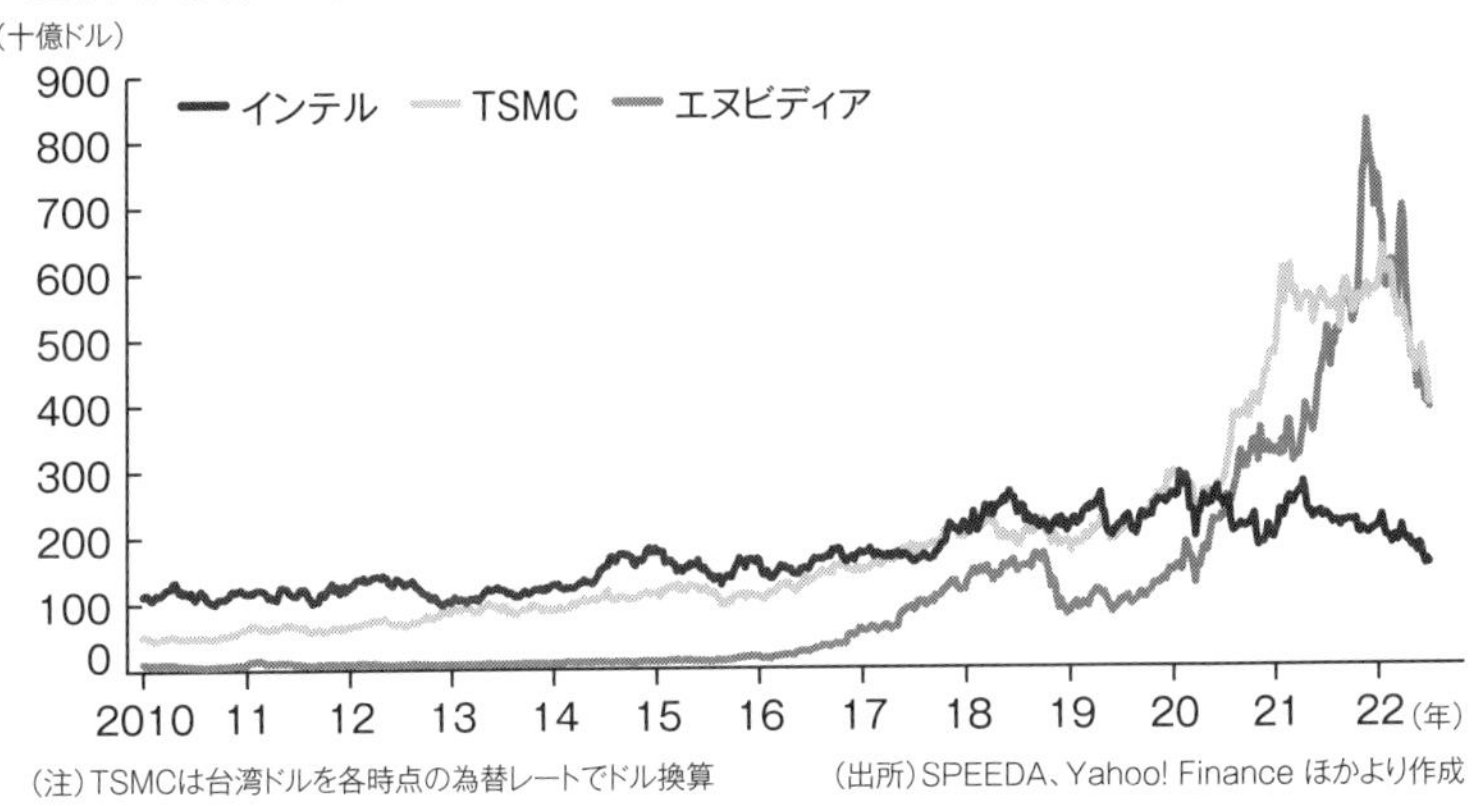

(注)TSMCは台湾ドルを各時点の為替レートでドル換算　(出所)SPEEDA、Yahoo! Finance ほかより作成

ング（ユニクロ、GU）が続いて、3位はスウェーデンのヘネス&マウリッツ（H&M）と、こうなっていました。これらの特徴は全部、田舎の会社ということです。都会で誕生した会社はありません。

インディテックスなんていうのは、ア・コルーニャというところで、スペインの北西部にある田舎町でやっています。創業者のアマンシオ・オルテガ氏は世界の金持ちトップ5に入るほどの富豪になっていますが、今も本社はスペインの片田舎にあります。

それで、この序列がずっと続いてきたんですけど、ここに来て、カナダの「ルルレモン」という会社が出てきました。これは、スポーツアパレルの専門で、1998年にバンクーバーで創業して、店舗も世界に500店ぐらいなんです。売り上げも7000億円台ですから、〝御三家〟が軒並み2兆円以上というのに対して、まだまだ及びません。ところが、利益率が高いのと、Eコマースに強いんです。Eコマースで売れる分が5割を超えています。

どういうビジネスなのかというと、お店でヨガやフィットネスのレッスンをしたりしながら、レッスン中に身につける「アラインハイライズパンツ」のようなものを売っている。これ、ユニクロで売ろうと思ったら、たぶん3000円ぐらいだと思いますが、この会社は1万3000円で売っています。これが高収益の理由です。インストラクターの人がこれを着ていると、みんな買いたくなってしまうというわけです。また、自分が住む町にこういう店がない場合は、Eコマースで購入するということで、ここはほとんどコマーシャルがないんです。広告宣伝に金を使わない。その代わり、セレブやインフルエンサーなどに金を使っているところが特徴です。カナダからこういう会社が出てきたのは非常に面白いと思います。

ソニーとパナソニックとの差

ソニーとパナソニックというのは似たような会社で、日本の家電メーカーでもライバル的な存在として知られてきました。しかし、図表55のように、近年のパナソニックは、なかなか時価総額が上がりません。なぜかと言うと、家電メーカーという領域にいる限りは、韓国のサムスンや中国企業にやられてしまうということで、マーケットが比較的小さいパナソニックの場合は、将来性という点で非常に難しいとなってくるわけです。

一方、ソニーのほうは全く違う領域に入りまして、結果的にゲーム、音楽、それから原作・シナリオ作り、アニメ、映画……これらを、全世界3億人のユーザーを中心に、コンテンツをつなぐデータ基盤を確立しているんです。つまり、エンタメ企業のほうに脱皮してきているわけで、「スパイダーマン」だけじゃない。ゲームはもっとすごいし、プレステというコンソール（ゲーム機）を持っているのも強さの1つですね。だから、こういう違いによってパナソニックとソニーとの間で時価総額に大きな差が出てきたわけです。

ネットフリックスも、非常に頑張りました。倒産したＤＶＤのレンタル店などがいっぱいある中で、ストリーム配信をして非常に頑張りましたけれども、やはり今になってみると、コンテンツの充実したディズニーなんかのほうが、同じことをやるんだったら強いかなという感じになっています。ということで、今後の業績はけっこうきつくなるだろうと思います。自分で作ったものもいくつかヒットしていますが、今ではディズニーなどに時価総額で追い抜かれているという印象です。

「Vライバー」という新ビジネス

それから、ＹｏｕＴｕｂｅの次は何かというと、「Vライバー」というクリエイターです。ＹｏｕＴｕｂｅは、世の中に影響があるユーチューバーやインフルエンサーを集めた「ウーム（ＵＵＵＭ）」などの芸能プロダクション的なビジネスを生んでいます。

同じようなことをやっているのが、「ＡＮＹＣＯＬＯＲ」という会社です。この会社が「にじさんじ」という「Vライバー」グループを運営して、中国の会社と組んでこういうことをやっています（図表56参照）。

Vライバーとはどういうものかというと、自分の分身であるキャラクターを作成し、ＳＮＳやＹｏｕＴｕｂｅなどの動画配信プラットフォーム上で活動しているクリエイターたちのことです。いま「にじさんじ」の中で一番フォロワーが多いのが１７１万人の登録者がいるという「壱百満天原サロメ」だそうです。この人が出てきて、いろいろなことをやって、動いて参加して……ということをやるわけですね。

それから2位は「葛葉」ですが、１４６万人のフォロワーがいます。ライブ配信アプリ

図表55 ソニーはゲーム・音楽・映画など事業の壁を越えたデータ活用によって、シナジーを発揮しながらエンタメ企業を目指す

ソニーのエンタメ企業への変革

- 自社サービスの合計で、世界に3億人の利用者を抱える。
- 事業の壁を越えて、様々なコンテンツをつなぐデータ基盤を築くことで、エンタメ企業へ変革を進めている。

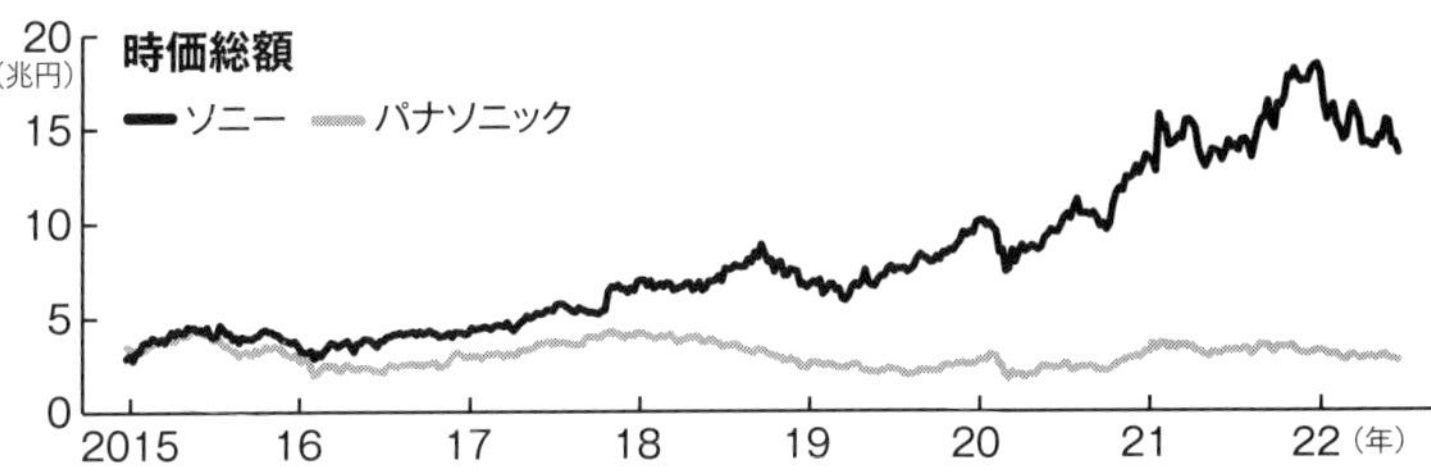

ネットフリックス、ディズニーの動向

- ネットフリックスは、動画ストリーミングを先行して実行し同分野のトップ業として企業価値を高めた。
- コロナ禍と前後して、ディズニープラス等、大手メディアが動画ストリーミングに参入し競争が激化。

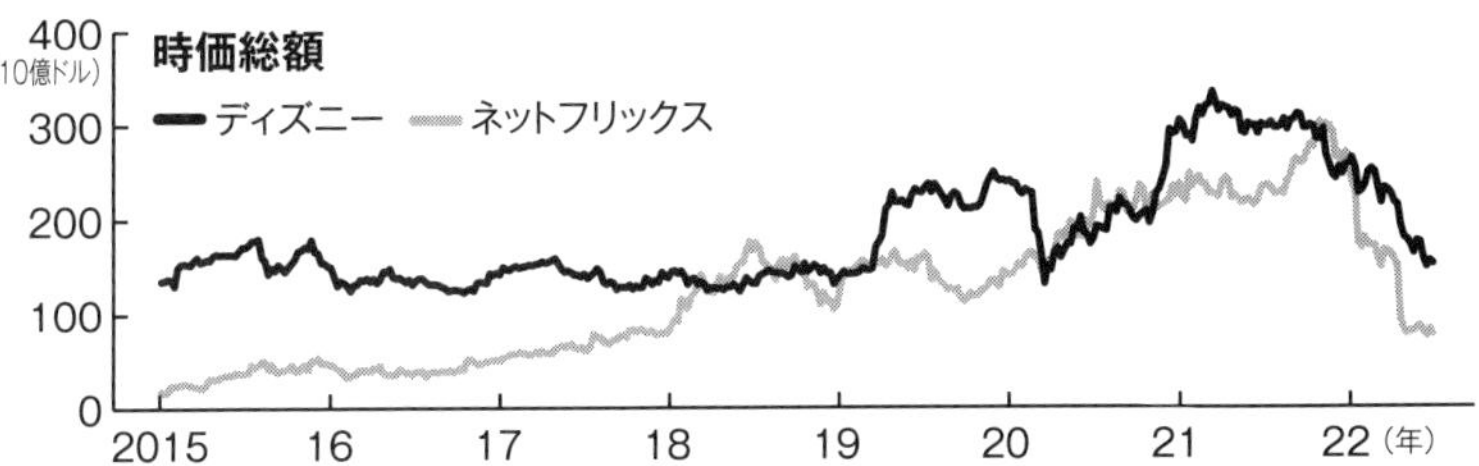

- ネットフリックスはストリーミング専業のため、競争激化、コロナ収束傾向の影響を受け、2022年以降、株価が急落。
- 大手メディアは、コンテンツのマルチ展開が可能なため、下落の影響はネットフリックスほど大きくない。

(出所) SPEEDAほかより作成

の中で、自分の分身となるキャラを通して活動するというやり方ですね。

「アトリエはるか」の成功に学ぶ

それから、我々の仲間で、名古屋向研会メンバーの西原良子さんが経営する「アトリエはるか」も、スパイク型企業の好例に挙げられます。

同社は、女性客を対象に、ヘアメイクやネイルを短時間で気軽に頼めるというビジネスモデルで全国展開していたんですが、コロナでもってひっくり返ってしまいました。不要不急の外出を控えて、人との接触にも気をつけなくてはいけないということになって、なかなかお店にお客さんが来なくなった。まあ当然、会食とか合コンが減ったということも影響したんでしょう。

それで、無駄な工程をなくして滞在時間を短縮することで、客数の増加やコストの引き下げを徹底。さらにヘアメイクとネイルを「多能工」化するなど、生産性の向上を図る一方、値上げもしたそうです（図表57参照）。

何よりも、この西原さんが取り組んだことで「なるほど」と思ったのが、マスクをしている時にいかに美しく見えるかという新しいニーズの発掘です。つまり、〝目力〟が大事だと。ここ（＝マスクの上端）から上だけしか見えていないのに、とても魅力的に見える〝マスク美人〟がいますよね。アトリエはるかでは、そのニーズに応えるサービスメニューを開発したところ、お客さんが戻ってきて、なんとコロナ前に比べてネイリスト１人あ

図表56 「ANYCOLOR」のVライバー事業「にじさんじ」は様々な動画配信プラットフォームでコンテンツを配信し注目を集めている

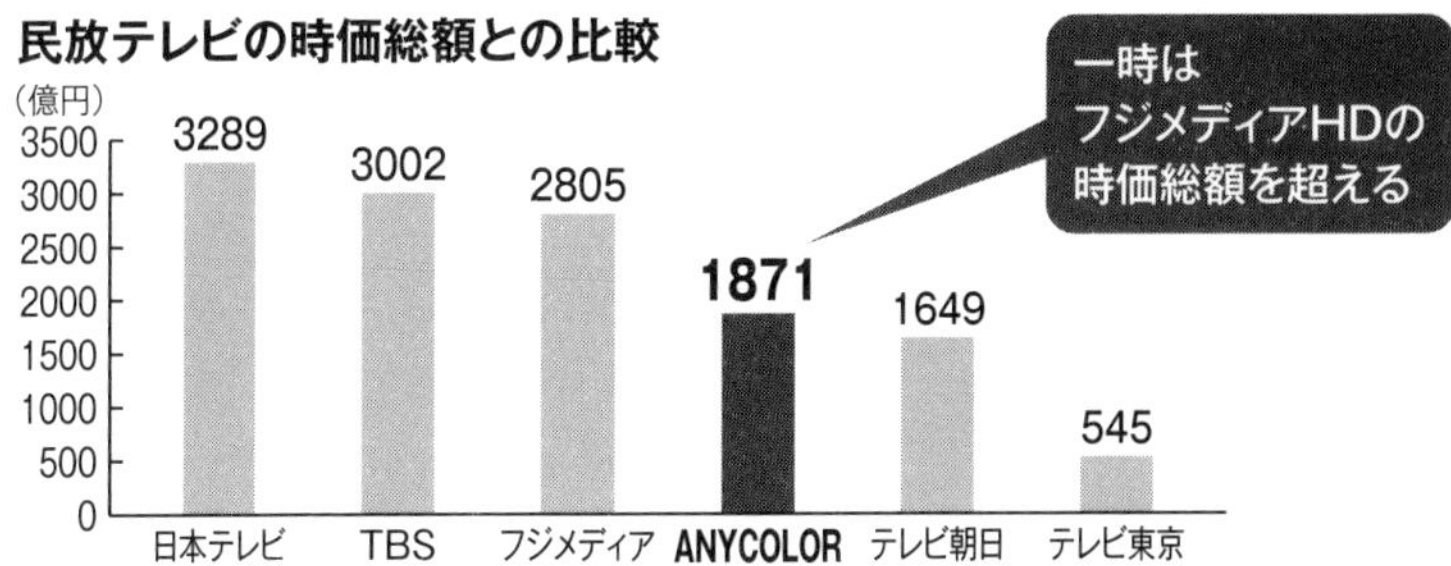

- メディア・コングロマリットとなった民放テレビの時価総額は低迷
- 従来の垂直統合モデルのテレビ業界は凋落が著しい
- 構造不況で、コンテンツ作成や放送ネットワークの維持費が重くのしかかる

ANYCOLORとは?

ANYCOLOR（エニーカラー／本社：東京都港区）

- 2017年5月に創業。
- バーチャルライバー*グループ「にじさんじ」の運営を中心に展開。
- Vライバーの事務所のような事業モデルで、YouTuberでいうところのUUUM（ウーム）のような企業。

にじさんじ

- 「にじさんじ」はANYCOLORが運営を担当する、 Vライバーグループの名称。
- ゲーム実況動画、各種イベントやグッズ・デジタルコンテンツの販売、楽曲制作などを展開。
- 現在、約150人の所属Vライバーが様々なSNSやYouTubeなどの動画配信プラットフォームで活動。

*バーチャルライバー（Vライバー）　ライブ配信アプリで、自分の分身となるキャラクターを作成し、活動するクリエイター

（出所）Yahoo! Finance、ANYCOLOR、vtuber-ch

たりの売り上げの指標が130％アップしたそうです。

このように集中して考えて、自社の強みとなる事業を尖らせることが非常に効果的です。これもまた1つ、面白い事例ではないかと思います。

日本企業の問題と対策

というわけで、最後にパッケージ型企業とスパイク型企業の比較を見ていきます。両者の違いをちょっと極端に振ってみたのが、図表58です。

まず、パッケージ型企業の強みは、過去の成功体験とか知名度があるということです。それに対して、スパイク型企業は、ある1点で卓越した能力を持つというところが強みです。逆に弱みは、コーポレート・ガバナンスとかコンプライアンスが徹底できていないこと。その点はパッケージ型企業のほうが厳格なのですが、意思決定は遅くなってしまいます。

経営者のタイプについては、パッケージ型企業はサラリーマン経営者が多く、売り上げ至上主義みたいなところがあります。スパイク型企業はその対極で、イノベーターやアントレプレナーといったタイプが非常に多いです。

それから、パッケージ型企業の成長速度はＧＤＰに比例するのに対して、スパイク型企業は指数関数的に伸びていきます。

経営方針も、スパイク型企業は世界でナンバーワンを目指そうとしますが、パッケージ型企業は国内・地域でナンバーワンになればいいというところが多いので、そういった点

図表57 「アトリエはるか」はコロナ休業をばねに企業体質を見直し、1人あたりの生産性を3割向上させることに成功した

「アトリエはるか」の生産性向上策

株式会社 アトリエはるか　代表者 **西原良子**

ヘアメイク及びネイルサロンの運営等

※ヘアカットやパーマをせず、ヘアメイクやネイルに特化したビジネスモデルが特徴

ネイリスト1人あたりの売り上げの指標が、
コロナ前に比べて130%増、生産性が3割向上

売上高増加

1 ネイルのメニューを500円値上げ

- アンケート調査により、顧客が「ネイルに払ってもいい」と考える金額よりも同社のサービスメニューのほうが安くなっていたため値上げを行なった。

2 潜在ニーズを掘り起こした新しいサービスメニューの開発

- マスクをしている時間が長いため、アイメイクに特化したメニューを作成。とくに眉カットは売上高が30%増。
- 「メンズベース」では男性向けに眉カットや脱毛、身だしなみメイクなどのメニューを提供しており、売上高は70%増。

コスト削減

1 ネイルでは、顧客1人あたりの滞在時間を半分に短縮

- 半分の時間で同じ仕上がりを実現することにより、対応可能な人数が2倍になった。
- 無駄な工程をなくし、古いネイルの除去を手作業から機械に変えた。

2 「多能工」を育成

- ヘアメイクとネイルの両方ができることを必須とし、人材育成を行なう。
- 職種ごとに異なっていたインセンティブの基準を統一。すべて1人あたりの生産性に応じた係数で出す仕組みに変更した。

（出所）アトリエはるか、日経BP「日経ビジネス」2022年5月16日号

でも企業のDNAがだいぶ違うわけですね。

組織・オペレーションも、昔ながらのピラミッド型で上意下達の改善型を墨守するパッケージ型企業に対して、スパイク型企業の場合はアウトソーシングも積極活用しています。

それから人材。スパイク型企業は、尖った人材やグローバルで競争力がある人材が集まっていますが、パッケージ型企業には、新卒、年功序列、偏差値優等生がいっぱい来ている。こういうところというのはなかなか変われません。変えてはいけないと言う人が社内のマジョリティですから、ドラスティックに変えることはできません。尖った人を叩くのが自分たちの役目だと思っている人も多いんです。

給料は、パッケージ型企業の場合は、社内基準、業界基準で決まります。また、パッケージ型の企業文化は、保守的・閉鎖的・失敗は許さないというものです。スパイク型企業の場合は、失敗してもいいからやってみろと。日本でもそういう会社というのはけっこうありますよね。リクルートとか、サイバーエージェントとか、そういうところですが、多くの企業にはやはり失敗はなるべくしないように、という文化が残っています。

パッケージ型企業の限界

それから、ビジネスシステムも、日本のパッケージ型企業の場合はフルシステムというものを3つ、4つ、5つと、重ねていくところが多いです（図表59参照）。

一方、スパイク型企業の場合は、強いところを徹底的に自分が持って、後はアウトソー

図表58 従来の総合企業（パッケージ型）と、ひとつ分野で尖った強みがある企業（スパイク型）とでは、DNAが全く異なっている

パッケージ型とスパイク型の企業DNAの違い

パッケージ型企業		スパイク型企業
過去の成功体験・知名度	**強み**	**ある1点において卓越した能力を持つ**
意思決定のスピードの遅さ 事業間の対立	弱み	コーポレートガバナンス、コンプライアンス
サラリーマン経営者 PL脳（売り上げ至上主義）	経営者タイプ	イノベーター/アントレプレナー ファイナンス思考
GDPに比例（低成長）	成長速度	指数関数的
国内・地域でNo.1	経営方針	世界でNo.1
ピラミッド型・フルセット主義 改善型	組織・ オペレーション	Web型組織 コアスキル特化、アウトソース活用
新卒、年功序列 偏差値優等生	人材	尖った人材 グローバルエリート
社内基準、業界基準 ベア、ボーナス	給料 インセンティブ	個別評価、世界基準 ストックオプション
保守的・閉鎖的 失敗は許さない	企業文化	イノベーション・開放的、仮説検証型 挑戦を奨励・失敗を許容

（出所）BBT大学総合研究所

シングして人に任せてしまう。サイバー空間で貢献してもらうこともできます。だから、全部フルセットで持つ必要がないんです。すごく優秀な人材が、たとえばオーストラリアにいるとか、ベラルーシにいるとなったら、そういう人をサイバー空間で捕まえて自社に協力してもらおうというやり方です。

スパイク型企業への転換ステップ

では、従来型の会社は、どうやってスパイク型の会社へ転換していけばいいのか。

1つのアドバイスは、難しいからやめておきなさいということですが、それでは身も蓋もないので、まず自社はどの土俵で勝負するのか、その事業領域を改めて定義してみること。

そして次は、どこか一発、絶対にこれでもって自社がトップになるという事業を考えつくか、現実にあるものを発展させるか――そこをとことん考え抜く。そして、それを強化していく。それ以外の事業は捨てる覚悟が必要です。

さらに、3段階目になると、新たに転換した企業に必要でない人がいっぱい出てきてしまいます。そういう意味で、ここに特化して、社外に切り出すべき事業を見極めて、それを強化する方法を集中的に考えていきます(図表60参照)。

そうした転換をした時に、新しい組織が完璧ではなかったとしても、ウェブ型組織で人材やスキルは他のところから持ち込む、という作業が必要になってきます。

図表59 これまでのパッケージ型の経営から脱却し、スパイク型に転換することが求められている

パッケージ型企業の問題点

パッケージ型企業の抱える問題点

フルセット型
垂直統合型

- すべての機能を自前で抱えている
- 自社内で完結するため、生産規模・市場規模が限定される
- 全社的な「コストダウン」で全体を薄く削っている

従来型の事業計画・人事の限界

（価格 P － コスト C）× 数量（売上）V ＝ 利益 PROFIT

- 従来は、（価格P－コストC）×数量V＝利益PROFITという収益方程式の３要素をいじることが事業計画の中心だった
- ３要素を扱うだけだったので、人事も年功序列で事足りた

スパイク型企業への転換

現代は、事業計画で考察すべき範囲が広がっている

事業領域そのものを考える

- 従来の3Cでは定義できない
- 事業領域を再定義する必要がある

他人の成果を取り込む

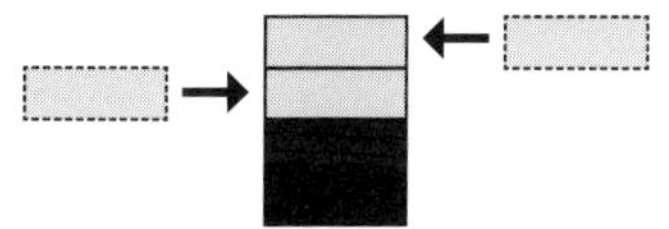

- M&Aなど積極的に活用
- 株価・マルチプルを活用

コアスキルへの集中とアウトソース

- コアスキル・コア事業に集中
- 収益性の高い分野に絞り込む

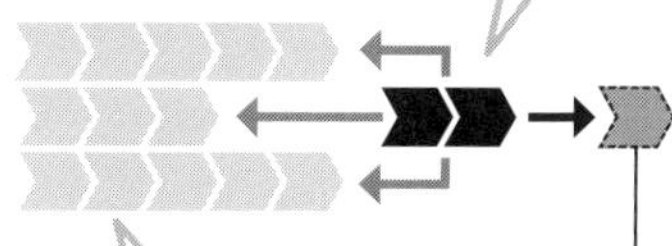

- 非コア事業の切り出し（スピンオフ）
- アウトソース

システム・OSなどの機能を、その能力に長けている企業から調達

（出所）BBT大学総合研究所

ですから、いきなり尖った会社になることは難しいけれども、この事業（あるいは機能）だったら、ウチはどこにも負けないものを持っているというところがあるかどうか。もし、そういう事業がなければ、そのまま今までどおりやってください。無理をして、「今日から私は尖った人間になる」と言っても、うまくいかないことが多いと思います。

スパイク型人材とは

なぜかと言うと、スパイク型の人材というのは、やっぱり欠点も多いわけです。オールラウンダーに比べると、それは認めざるを得ない。

マッキンゼーの場合も、採用基準を決める際に、スパイク型人材というのを採りたいということで提起したことがありました。それで、図表61のように、基本的に東京事務所では次のようなことをやっていました。

インタビューをします。Aさんのインタビューを最低5人がやります。その記録が全部残っている。Bさんにも、別な5人かもしれませんけどやります。5年後、あるいは10年後に生き残っている人は少ないですけれども、入社してから10年でどれほど伸びたかというところを見まして、うんと伸びている人材を絶対採れと言った人物は誰だったか。こうやってですね、人事採用時のデータと、その後の伸びとの関連を調べる、ということをやるんです。皆さんもぜひこういうふうにやっていただきたいと思います。そうすれば、入社面接をすべき人と面接しても会社のためにならない人が、自ずとわかります。10年分の

図表60 スパイク型企業へ戦略的に移行するためには、まずは事業領域を再定義し、自社のコアスキルを徹底的に尖らせるべき

スパイク型企業への転換ステップ

事業領域を再定義
自社はどの土俵で勝負するのか？

- 今後社会はどうなるか？
- 今後伸びる事業は何か？
- 個人の「構想力」に依存
- パーソン・スペシフィック

→
- 尖った経営者であるべき
- 自分が尖っていなければ、尖った人材を外部から連れてくる

自社の強み　コア事業・コアスキルは何か？

- 特徴を出せる自社製品・サービスはどれか？
- 最も満足させている顧客セグメントはどこか？
- 特徴を一言で説明できるか？

不要な事業・業務機能の特定と切り出し

- 不要な人材をリストラする
- 不要な事業の廃止、自動化、アウトソース
  └廃止すべき業務は？
  社外に切り出す業務は？
  自動化すべき業務は？

→
- 自社が何者なのかを問い直し、柔軟に再定義する必要がある
- 自己否定になることも受け入れる必要がある
- 痛みを伴う改革になるかもしれないが、果敢な一歩を踏み出すことを恐れてはいけない

ゼロベースの組織設計　Web型組織

- 自社の経営リソースを絞り込んだ領域に集中投下
- 自社に足りないリソースを外部から調達（M&Aなど）
- バーチャル・シングル・カンパニー
- 顧客インターフェースの設計

→
- 新たなテクノロジー、プラットフォームを徹底活用する
- 世界からベストなリソースを調達する
- 世界の顧客とサイバー上でつながる

（出所）『新・資本論』『新・経済原論』（いずれも大前研一著／東洋経済新報社）をもとに作成

データを分析すれば正直なものです。

経営者よ、尖った人間であれ！

経営者に求められる条件というのは、図表62でまとめた通りです。

まずは経営者自身が尖った人間になる——今は一個人のイノベーションによって、世界が変わります。そして、迅速な決断や経営資源の集中ができるのは、自分が尖った人材である必要があるということです。

次に、自社を再定義する。本当に強いところがわかるかと、こういうことですよね。そのためには、コアスキルとアウトソーシングできるものが何かを定義することが必要です。

それから、何回も言っているように、「ＡＮＤ」で結ばないで「ＯＲ」でやってごらんと、こういうことですね。

そして、「深度の経済」の追求。自社が強化したいものを深く定義できるか、ということです。つまり、今のテスラのＥＶみたいに、５００もの特許を有しているという非常に深いレベルで支えられていることが重要になります。

最後に、自分が尖っていなければ、尖った人材を連れてくるか、社外でもいいから尖った人材をパートナーとして選ぶと、こういうことですよね。

図表61 スパイク型企業になるためには、専門分野で尖った強みを持つ〝スパイク型人材〟が必須である

スパイク型人材のイメージ

パッケージ型人材

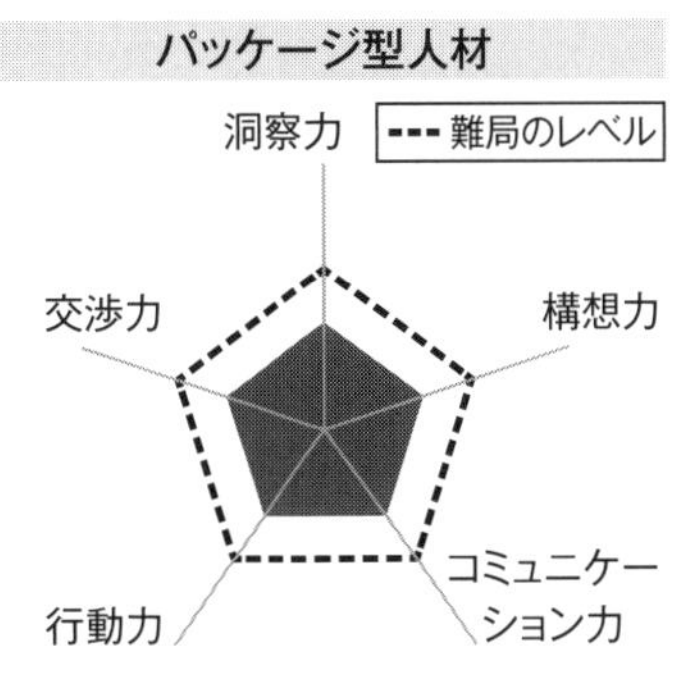

- 何でも平均点でそつなくこなす
- 均等に万遍なくできる人材

スパイク型人材

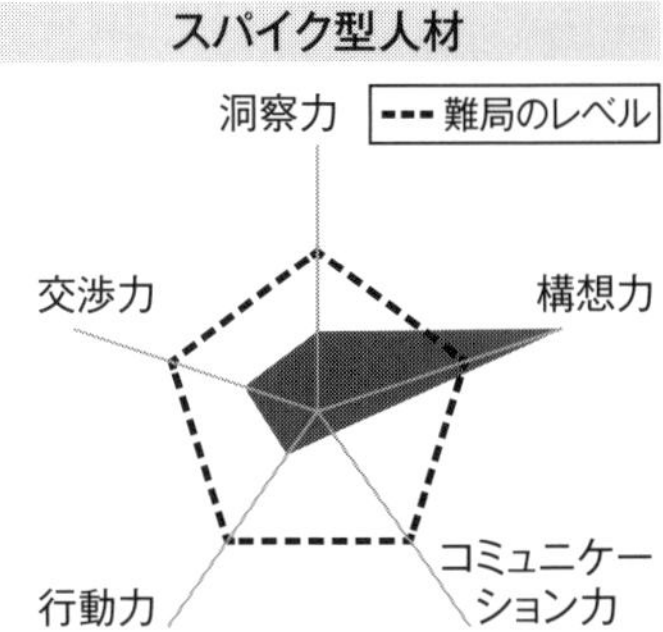

- ある1点において卓越した能力を持つ人材
- 全く枠には収まらない

- **「スパイク型人材」はマッキンゼーの採用基準**
  —なぜなら、困難な状況下において、リーダーは「この難局をどう勝負して乗り切るのか」が問われる
  —同社の採用基準に適った「スパイク型人材」であれば、独自の「勝負球」で難局を打開することができる
- **一般的に、コンサルタントという職業は、どんな業界にも対応できるような万能型になることが難しい**
  —そのため、同社は採用基準として「スパイク型人材」を掲げ始める
  —専門知識に長けた「スパイク型人材」であれば、それらの専門領域にあたるクライアントの需要に応えることができる

（出所）伊賀泰代著『採用基準』ダイヤモンド社、BBT大学総合研究所

「企業参謀」とチームを組むのも一手

どうしても自分1人じゃできないとなったら、パートナーやペアとなる人物とチームを組むというのも選択肢の1つです。

グーグルの場合は、創業者のラリー・ペイジ氏とセルゲイ・ブリン氏では、若すぎてうまくいかないという時に、ベテランのエリック・シュミット氏をCEOにした。これがグーグルがうまくいった大きな理由ですね。

ソニーも、性格が全く違う井深大さん、それから盛田昭夫さん。両者とも理系で、盛田さんは大阪大学工学部卒業ですが、グローバル化と営業関係を盛田さんが仕切りました。

本田技研工業は、ハンコを藤沢武夫さんに渡して、本田宗一郎さんは工場に潜り込んで、そして25年経ったら2人ともさっさと辞めた。こういう決断というのは、けっこう重要なことなんですね。なぜなら、この人たちがいると、後の人たちがなかなか自由な発想と行動を取れない、ということになりますので。

その後が、学卒第1号だった河島（喜好）さん。もう1人の川島（喜八郎）さん。それから西田通弘さんと続きます。

西田さんというのは『隗より始めよ』という素晴らしい本を書いています。従業員15人のホンダに入ってみたら、背の低い本田さんが毎朝ミカン箱を逆さまにして、その上に乗っかってね、「ホンダは世界のホンダになる」と叫んでいたというんです。とんでもない

図表62 尖った強みを持つ企業になるためには、まず経営者自身が尖った人材であるべき

経営者に求められる条件とは？

尖った企業になるためには、まず経営者自らが尖った人間であれ！

- 不確実性の高い市場で勝ち残るのは「パーソン・スペシフィック」「タイミング・スペシフィック」
- 一個人のイノベーションによって変化する世界。経営者は構想力を磨き、大きく大胆に発想し、獰猛に行動せよ！
- 迅速な決断、経営資源の集中が行なえるのは強力なリーダーシップを持つ独裁的な経営者であることが多い。

自社を再定義せよ

- 自社を再定義するには、コアスキルとアウトソースできるものが何かを定義することが必要。
- このプロセスは、誰が行なうのかによって変わるため、「パーソン・スペシフィック」である。
- 逆行の発想（自己否定）で事業を再構想するべし（自分自身に革命を起こす、敵は自分の内側にいる）。
- 痛みを伴う改革を恐れず、一歩踏み出す。利益が出ない事業はリストラせよ！

「AND」ではなく「OR」へと舵を切るべし

- 分岐点に立たされた時、何を選択するか。経営者の意思決定力が求められる。
- 意思決定力の源泉は、自ら描いた構想への自信。その構想をいつでも見直し、破り捨てる覚悟が必要。

「深度の経済」を追求せよ

- 自社が目指す事業の核となるものを狭く定義し、追随を許さぬ深さを追求する。
- サイバー経済においては「狭く、深く、速やかに」が成功の必須条件。

尖った人材を登用するべし

- 自分が尖れなければ、尖った人材を連れてくる！
- 〝肉食〟〝偏食〟の尖った人材を登用せよ！

（出所）BBT大学総合研究所

会社に入ってしまったなと思いますが、海外に売り始めた時に、日本の会社と海外営業部を作るという話が出ました。彼がそれに当たったんですけれども、世界のホンダだったら、第1営業部、第2営業部、第3営業部と平等にして、国内、海外と分けて考えるというやり方ではいけないと主張しました。その経緯は、西田さんが非常に細かく書いています。それでアメリカが大成功と、こういうことになってくるわけですね。

それから、松下電器産業は、松下幸之助さんが「経営の神様」と言われながら、やはり高橋荒太郎（あらたろう）さんと二人三脚でやってきた。けれども、やっぱり後継者で失敗して、まあ娘婿ですね。その後もまた失敗してと、そういう状況になって、営業本部長のようなポジションで幸之助さんが戻ってきてしまったんです。

でも、そのあと山下俊彦さんが大抜擢されて「山下跳び」というのでやりましたけど、なかなかうまくいきませんでした。これも苦労した例ですけれども、うまくいっていた時は、経営の神様である幸之助さんといえども、やはり高橋荒太郎さんといいコンビであったということですね。

ですから、皆さんも、自分が尖っていないと思ったら、そういう相補うようなタイプの人――全く外部の人でも――を経営のパートナーとして連れてくるといいと思います。

そういうやり方で、ぜひ21世紀にも勝ち残れるような経営スタイルを模索していただきたいと思います。

（2022年7月の向研会セミナーより抜粋・再構成）

以上が、「スパイク型企業」についての基調報告というべき概要である。

ここからは、過去の連載記事をベースとして、さらに具体的なテーマ・論点に沿って解説していくことにする。資料やデータなどがセミナーの内容と一部重複しているところもあるが、改めて問題を整理する意味もあるので、ご理解いただきたい。

ユニクロ・柳井会長の判断をどう評価するか

「ロシアの人々も生活する権利がある」

ウクライナ戦争が長期化・泥沼化し、ロシアに進出している外資企業が続々と現地事業の停止・撤退を表明している。

そういう中でロシア軍の侵攻直後の2022年3月初め、ユニクロなどを展開するファーストリテイリングの柳井正会長兼社長が「衣服は生活の必需品」「ロシアの人々も生活する権利がある」「ロシアの人々が日本に悪感情を持つことがいいことなのか」などと述べ、日本経済新聞で事業を継続する方針と報じられた。それに対し、ツイッターなどで批判が殺到。すると同社は一転してロシアの全50店とEC（電子商取引）サイトを休止すると発表し、情勢判断の甘さや対応の遅れを指摘された。

だが、誤解を恐れずに言えば、柳井氏が言っていることは100％正しい。

ファーストリテイリングのＨＰや「Ｙａｈｏｏ！ニュース」で配信されたファッションビジネス・ジャーナリストの松下久美氏のレポート（※）などによると、柳井氏は4月14日の2022年8月期第2四半期決算発表の場で「私はあらゆる戦争に強く反対する。人々の人権を侵害し、平穏な生活を脅かす、いかなる攻撃をも非難する」とした上で「国は分断されても、企業は分断されてはいない。むしろ分断を解消し、お互いの理解と融和を深めるのが企業活動だ」と強調した。

そして営業停止の決定については「いろいろな面で事業継続が困難になった。商品が着かない、あるいは紛争が非常に激しくなったことなどを総合的に判断した」と説明し、その判断は「遅れてはいない」と強調。さらに「私たちの服の産業は平和産業だ。人々の暮らしをより豊かに楽しく快適にする産業だ」「私たちの使命は、快適な普段着を継続的に人々に提供することにある」と持論を展開した。

ちなみに、ファーストリテイリングはウクライナへの人道支援としてＵＮＨＣＲ（国連難民高等弁務官事務所）に1000万ドル（約13億円）を寄付し、毛布やインナー、防寒着など20万点を周辺国に逃れたウクライナ難民に提供している。

※「増収大幅増益のユニクロ柳井社長、ロシア、中国ゼロコロナ、インフレ・値上げ、円安、成長、社会貢献を語る」松下久美クミコム代表（Ｙａｈｏｏ！ニュース　2022年4月14日付）

再開を待つか完全撤退か

もとより、いつの時代も、どこの国でも、戦争に蹂躙(じゅうりん)されるのは無辜(むこ)の民であり、ロシア国民もプーチン大統領が起こした戦争の犠牲者・被害者だから、「ロシアの人々も生活する権利がある」という柳井氏の考え方は間違っていない。

だが、今回はネットの世界を中心に、少しでもロシアを擁護したり、ウクライナの対応に疑問を呈したりすると、新型コロナウイルス禍の中でマスクをしていない人を犯罪者扱いする「マスク警察」と同じように、過激にバッシングして吊し上げる〝自警団〟が跳梁(ちょうりょう)跋扈(ばっこ)している。だから、柳井氏の発言が一気に「炎上」したのである。

しかも、新聞・テレビなどは柳井氏の発言の背景を検証することなく、ただ騒動を伝聞で垂れ流すだけだった。その結果、ファーストリテイリングが方針転換を余儀なくされたかのようになったわけだが、柳井氏が決算会見で述べた通り、ロシア事業の営業停止の決定は、経営者として物流などの状況を見極めた上での総合的な判断だったと思う。

すでに雑誌の連載などで述べたように、日本はロシアの極東サハリンで経済産業省や伊藤忠商事、丸紅などが原油開発事業「サハリン１」に参加し、三井物産と三菱商事が天然ガス開発事業の「サハリン２」に出資している。ロシアのウクライナ侵攻で「１」からはアメリカのエクソンモービル、「２」からはイギリスのシェルという〝主役〟が撤退を決めたが、萩生田光一経産相（当時）はサハリンから撤退しない方針を表明した。

また、帝国データバンクの調査によると、ロシアに進出している日本の上場企業168社のうち、2022年4月11日時点でロシア事業の停止・撤退を決めたのは36％の60社にとどまっていた。逆に言えば、6割以上の日本企業はまだロシア事業を継続していたわけで、柳井氏は日経新聞のインタビューで事業継続の方針に言及したのを報じられ、それが仇になったのである。

日本は欧米の経済制裁に歩調を合わせるべきだとか、撤退しないのはロシア支援になるという意見もあるが、ドイツやオーストリア、東欧諸国などは今もロシアから天然ガスや原油を輸入しているし、スイスの食品会社ネスレ、ドイツの製薬会社バイエルや小売業メトロ、アメリカのバイオ医薬品会社アムジェン、フランスの小売業オーシャン、イタリアのアパレル会社カルツェドニアといった欧米企業もロシアから撤退していない（本稿執筆時点）。欧米も決して一枚岩ではないのだ。

たとえ停戦しても、ナワリヌイ氏のような反体制派が指導者になれば別だが、プーチン大統領が君臨している限り、経済制裁の全面解除は難しいだろう。もしかするとファーストリテイリングは、柳井氏の汗と涙の結晶であるロシア事業から全面撤退せざるを得なくなるかもしれない。

「年収最大4割増」の衝撃

その一方でファーストリテイリングは、2023年3月から国内従業員の年収を数％から最大40％引き上げることを発表して話題になった。岸田首相が「物価上昇率を超える賃上げ」を要請し、国内企業各社がようやく３％前後の賃上げに向けて重い腰を上げ始めた中で、「年収最大４割増」を打ち出した同社の賃上げは大きなインパクトを与えるものだった。

だが、実際にグローバル人材の世界的な給与水準を比較すると、「４割増」でもまだまだ少ないと言わざるを得ない。裏を返せば、それほどまでに日本企業の賃金水準は下がってしまっているということなのだ。

もともと同社は、２０１３年から「世界同一賃金」を導入するとして、グローバル人材の獲得・育成に取り組んでいた。しかし、当時『稼ぐ力』（小学館）で書いたように、日本企業のグローバル化を手伝ってきた私自身の経験から言えば、「世界同一賃金」は、口で言うほど易しくはない。給与体系は国ごとに違うし、為替の問題も大きい。さらに国によって税金も変わってくるので、それぞれの国で同じレベルの生活を保障しようと思っても、非常に調整が難しい。そのため、グローバル企業はどこも、これを調整するための「ＣＯＬＡ（コーラ／Cost Of Living Adjustment）」という方程式を作っているのだが、日本の賃金があまりに低い水準にあるため、大幅に引き上げざるを得なかったというのが実情だろう。

柳井氏の経営判断は、ボーダレス経済を全く理解せず、ドメスティックな経済政策を連発し続ける岸田政権への強烈なアンチテーゼとも言えるかもしれない。

補講2 NTTの新「リモート勤務」が日本を変える

勤務場所は「自宅」、「出社＝出張」

ＮＴＴ（日本電信電話株式会社）グループが、リモートワークを基本とする新たな働き方を２０２２年7月から導入し、マスコミやＳＮＳなどで話題になった。

その理由は、国内の主要グループ会社の全社員33万３８５０人（２０２２年3月31日現在）が、日本全国どこからでもリモートワークによって、転勤や単身赴任を伴わない働き方が可能になるからだ（制度開始当初は主要会社本体社員の5割程度が対象と想定）。勤務場所は「社員の自宅」で、必ずしも会社への通勤圏に居住する必要はなく、出社する場合は「出張扱い」で交通費・宿泊費が支給される。ＧＡＦＡＭなど海外のＩＴ大手に流出しがちな若手人材を引き留める狙いがあるとも報じられている。

報道から半年以上が経ち、その後の導入状況についての続報はほとんど目にしないが、これは実に興奮するニュースだ。なぜか？　全国の地方自治体にとって、優秀な人材を呼び込む大きなチャンスだからである。

33万人余の5割程度ということは、約17万人だ。その人たちが全国１７１８市町村に散らばったら、単純計算で平均１００人が各市町村に住むことになる。地方自治体の多くは人材不足に悩んでいるので、そこにITやデジタル技術に習熟したNTT社員が移住・定住するとなれば、極めて大きなインパクトがある。

もし私が地方自治体の首長だったら、NTT社員に自分の市町村へ来てもらうため、住宅手当や配偶者の仕事の斡旋（あっせん）、子供の転校に対する配慮など、ありとあらゆる優遇措置・制度を導入する。

その代わり、NTT社員には就業後や休日に、たとえば2時間ぐらい町おこしや地域のDX推進などについて地元の人たちとディスカッションを行ない、地域社会に貢献してもらうのだ。

このNTTの新制度の場合、補助金や税制の優遇措置を目当てに本社機能を東京から兵庫県・淡路島に移転したという批判もある人材派遣大手のパソナグループとは、わけが違う。

優秀なNTTの若手社員が移住して地元の行政にも協力するとなれば、それは個人のライフスタイルにとどまらず、その地方自治体にとって活性化の自発的エンジンになり得ると思う。

今のところ、地方自治体からNTTへ「うちに来てください」という申し出が殺到しているというニュースも寡聞（かぶん）にして知らないが、これは実に不思議である。もし、私が地方自治体の首長だったら、NTTの人材を引き寄せるための優遇策を大々的に発表するだろう。

社員の「構想力」強化にもプラス

実は、自社の通常業務から離れ、他社や地元の人々と一緒に地域活性化について考えるというチャレンジは「第4の波」、すなわち「AI・スマホ革命」によるサイバー社会が世の中にもたらす変化の中で最も重要な「構想力」を鍛える上で極めて有効だ。

たとえば、かつて私が勤めていたマッキンゼーでは、パートナーになると、就労時間のうち15％を社会貢献やボランティアに充てられる「プロボノ活動」（格差や貧困など世界が抱える課題を解決するため、社員が無償で社会貢献活動に従事する）という制度があった。

そして、本社ディレクターに昇進するためには、自国以外で5年以上働いて実績を残さなければならなかった。そういうシステムを、NTTも導入すべきだと思うのである。

私は以前から、自分を変える方法は3つしかないと主張してきた。それは、

「時間配分を変える」
「付き合う人を変える」
「住む場所を変える」

というものである。

このうち最も手っ取り早いのは、住む場所を変えることだ。住む場所を変えれば、おのずと時間配分も付き合う人も変わるし、従来と違う環境に身を置いて違う景色を見ること

は、構想力を強化するために重要だからである。

これまでのようにNTT主要会社本体が〝中央集権〟の業務命令で強制的に転勤させるのではなく、社員が自分の意思で地方に移り住み、おのおの異なる発想ができるようになれば、NTTは〝地方分権型〟の柔軟で非常に強いネットワーク企業に進化するはずだ。

また、このニュースを見た時に想起したのは、30年くらい前、アメリカのGE（ゼネラル・エレクトリック）やIBMなど大企業の退職者が郷里に帰り、地域のリーダーになって活躍したという例である。

当時、GEのジャック・ウェルチ会長は容赦のないリストラを断行していたが、「クビにしてもアンハッピーになった人は見たことがない。潤沢な401k（確定拠出年金）がある上、みんな地元で歓迎されてハッピーなセカンドライフを送っているよ」と言っていた。

一方、NTTの場合は、若手や働き盛りの年代など現役バリバリの人たちが地方に行くことになる。彼らが週のうち半日でも地元の大学や高等専門学校でITやDXの講義をしてくれたら、その波及効果は極めて大きいだろう。妻子を伴った移住であれば、地方自治体にとって人口増や地域の若返りにもつながる。

今の日本の行政機関は「第4の波」や「シンギュラリティ」について危機感がなさすぎる。政府は2015年から「地方創生」を掲げて担当大臣を置いている。初代の石破茂氏以降7年も続いているわけだが、それでどんなことが実現したのか？　私は何の成果もなかったと思う。実際、地方は衰退する一方だ。

現在の地方創生担当大臣は岡田直樹氏で、内閣府の特命担当として「沖縄及び北方対策」「規制改革」「クールジャパン戦略」「アイヌ施策」、内閣官房の担当として「デジタル田園都市国家構想」「国際博覧会」「行政改革」と、実に8つもの大臣を兼務している。ちなみに、前任の野田聖子氏は結局、就任からわずか10か月で退任となった。

ことほどさように政府の「地方創生」は、お粗末で掛け声倒れなのである。これに一石を投じる意味でも、今回のＮＴＴのチャレンジは画期的であり、これに刺激を受けた他社が同様の制度を採用すれば地方の景色は従来と全く違ってくるだろう。「ＤＸによって住む場所を選ばない」というＮＴＴの新しい制度が自治体側の覚醒を喚起し、日本の姿・形を抜本的に変える起爆剤になることを期待したい。

エピローグ　今こそ子供に〝スマホ構想力〟を

「資格取得」「リスキリング」ブームに踊らされるな

岸田首相は２０２２年秋の臨時国会の所信表明演説で、個人のリスキリング（成長分野に移動するための学び直し）に対する公的支援に「５年間で１兆円」を投じると表明した。もともと政府は同年６月に閣議決定した「経済財政運営と改革の基本方針（骨太の方針２０２２）」の中で「人への投資」に３年間で４０００億円規模の予算を投入するとしていたが、そのパッケージをさらに拡充することにしたのである。

経済誌も、こぞって大特集を組み、官民挙げてリスキリングやリカレント教育、資格取得のブームを盛んに煽っているわけだが、その中身は噴飯物である。

なぜなら、そこで主に勧めているのは公認会計士、税理士、司法書士、行政書士、社会保険労務士、宅地建物取引士、不動産鑑定士、中小企業診断士、建築士などのいわゆる「サムライビジネス（士業）」だからである。これらは国家資格であり、各分野の専門知識の記憶力を問う試験に合格すれば取得できる。

だが、本書で述べてきたように、知識の蓄積はコンピューターやＡＩが得意とする作業であり、ほとんどすべてのサムライビジネスはいずれ機械に取って代わられるのだ。

そのような世の中になっているのに「リスキリングで資格取得」の大合唱をするのは時代錯誤も甚だしい。

いま学ぶべきスキルとは？

なぜ、そういうお粗末な状況になっているのか？　私が本書などで提唱している「第４の波」を、政府が全く理解していないからだ。「ＡＩ・スマホ革命」がもたらす「第４の波」どころか、今の日本はそれ以前の「第３の波」にすら乗れていない。

たとえば私は先日、久しぶりにオーストラリアへ行ったが、同国へのビザの申請はパソコンではなくスマホベースになっていた。ＩＴ先進国のイスラエルやシンガポールの行政手続きは基本的にすべてスマホベースである。

かたや日本は、入国手続オンラインサービス「Visit Japan Web」こそスマホベースで利用可能だが、それ以外はほとんど〝なんちゃってデジタル〟だ。その象徴が、スマホベースなのに全く使い物にならなかった新型コロナウイルス接触確認アプリ「ＣＯＣＯＡ（ココア）」や、使い勝手が極めて悪かった入国者健康居所確認アプリ「ＭｙＳＯＳ（マイエスオーエス）」である。

　そして「第4の波」の一大特徴は、第1章で詳述したエストニアの会計士や税理士のように知識を記憶した者に与えられる「資格」は意味がなくなるということだ。この最新潮流を政府が理解しなければ、日本は「第4の波」に入れないのだ。

　となると、個人が本来学ぶべきスキルは、たとえば営業支援や受注管理、在庫管理、請求管理といった定型的な間接業務をロボットで自動化する「ＲＰＡ」だ。そのエキスパートになれば、労働生産性の向上＝間接業務の合理化（人員削減）が最重要課題となっている日本企業から引く手あまたになることは間違いない。

　あるいは、ＡＩベース・スマホベースの新しい事業を構想する力。これは相当なデジタルスキルが必要となるが、この力を身につければ「第4の波」を乗りこなすことができるだろう。

　逆に、ＡＩにはできない看護や介護、保育、カウンセリングといった〝人間にしかやれない仕事〟は今後も必要とされる数少ない資格であり、それらの業界の人材マッチングの精度を高めるスキルも要注目だ。

　そうした認識が何もない岸田首相は、いずれＡＩやコンピューターに取って代わられる20世紀型の資格取得支援のために莫大な税金を費消しようとしているわけである。

　生産性が上がらずに「稼ぐ力」がなくなっている理由を理解せず、自分たちが通した古い法律のおかげで首の皮一枚でつながっている資格などに多くの人を追い込むというのは暴挙でさえある。そんな政府の下では、国民の給料が上がらないのも必然と言うしかない。

文科省の軛から離れて新しい教育を

政府が的外れな政策を繰り返している一方で、はたして日本は「第4の波」に乗れるのか？ そのカギを握るのは人材育成だ。ＡＩとスマホを駆使して、新しい技術、新しいサービス、新しい産業を創造できる人材を育てることができれば、可能である。

ただし、それは文科省の学習指導要領に従った教育では無理だ。著書や「週刊ポスト」の連載などで何度も書いてきたが、世界的に活躍している日本人の優秀な人材――とりわけ芸術家、スポーツ選手、漫画家、アニメーター、ゲームクリエイター、料理人など――には、文科省教育の埒外で育った人が非常に多い。

そこから得られるヒントは「見える化」「聞こえる化」だ。スポーツは世界トップクラスの選手の技術や演技を、漫画やアニメやゲームは面白い作品を自分の目で見ることができる。音楽は世界中の優秀な音楽家の演奏を自分の耳で聞くことができる。

そうした「見える化」「聞こえる化」ができる分野、言い換えれば文科省の縛りがない分野では、日本人は世界に引けを取らない能力を発揮している。したがって、ＡＩ・スマホの分野も目標を「見える化」「聞こえる化」し、文科省の軛から離れさえすれば、「第4の波」に乗っていく人材が出てくると思うのだ。

ところが最近、日本では子供の長時間スマホ使用が問題視されている。子供からスマホを取り上げるべきだという意見もあるが、私は反対だ。むしろ大いにスマホを使わせたほうがよいと考えている。もちろん朝起きてから夜寝るまで、あまりに長くスマホ画面を見続けるのは大人でも健康被害があるから注意しなければならないし、明らかに有害な情報に子供たちが接しないようにすることも重要だ。また、友達とのＳＮＳやネットサーフィンなどの半ば暇つぶしで長時間スマホを使うことも制限すべきだろう。

ただし、今の子供たちはスマホが染色体に入り込んでいるので、スマホベースの生活になるのは避けられない。したがって、親はスマホを取り上げるのではなく、スマホを使って何かを創造・創作するクリエイティブな能力を育てるという方向に考え方を転換しなければならない。つまり、「スマホばかり見ていないで宿題をやりなさい」と叱るのではなく、「宿題をさせるならスマホを使って新しいことに挑戦させよう」と考えるべきなのだ。

スマホで「新しい人生」も構築できる

たとえば、とっくにゲームソフトは子供たちが自分で制作できる時代になっている。かつてソニー・コンピュータエンタテインメントが開催していたプレイステーション・ＰＳＰ用ソフトのクリエイター発掘オーディション「ゲームやろうぜ！」「PlayStation C.A.M.P!」には10代前半の子供たちも参加し、そこから多くの優秀なクリエイターと人気ゲームソフトが誕生している。

「第4の波」の前提は、そういうプレステベースやパソコンベースの「第3の波」でやっていたことをスマホベースでやることだ。すでにスマホのゲームアプリは山ほどあるし、ビジネスの分野でも営業・購買・人材募集などで様々なスマホアプリが登場している。これからは「スマホでお金が稼げる」「スマホを使ってなんぼの世の中」ということを親が理解し、子供にゲームやSNSを禁止するのではなく、AI・スマホベースの「第4の波」に対する〝武装〟を、できるだけ早くさせることが極めて重要なのだ。

スマホを活用すれば、新しいビジネスや新しいコミュニケーションはもとより、新しい人生も構築できる。

たとえば、バーチャル海外旅行も簡単だ。私は若い頃から世界中を仕事や旅行で巡り歩いてきたが、ヨーロッパではマルタだけが未訪だったので、2020年にマルタ旅行の計画を立てて詳細な旅程も決めていた。しかし、新型コロナ禍で中止せざるを得なくなった。そこで、スマホを使ってマルタの有名な観光スポットや美味しいレストラン、快適なホテルなどをすべてスマホで体験した。新型コロナ禍が落ち着いて自由自在な旅行ができるようになったら、その〝おさらい〟をするために現地へ行きたいと思っている。

あるいは、スマホを使って小説やエッセイを書いたり、漫画やアニメを制作したり、作詞・作曲したりすることもできる。そうした「第4の波」に対応する実戦的なトレーニングを幼少時から始めるべきなのだ。そのことに気づいて危機感を持った人や家庭が取り組みを始めれば、まだ間に合う。親は、これからの世の中はAI・スマホ社会になるということを理解した上で、子供が「第4の波」に対応できる〝武装〟を手伝う伴走者になるべきであり、少なくとも彼らの将来を台無しにする加害者や邪魔者にだけはならないようにしなければならない。

本書の冒頭で、巨大IT企業の大規模リストラについて述べたが、見方によっては、すでに一部の企業では「第4の波」＝サイバー社会のピークを越えている可能性がある。だとすれば、従来予想されている以上に早く「シンギュラリティ」がやってくるかもしれない。つまり、さらに変化のスピードが速まっていることに備える必要があるのだ。

しかし、岸田首相の演説や発言などを聞いていると、これが全く理解できておらず、そうした現実への危機感が微塵（みじん）も感じられない。実は、グローバル経済や企業経営の最前線を理解すべき学者・研究者の中にも、いまだに「日本人は優秀だから、きっかけさえあれば日本は再び勢いを取り戻す」という幻想を抱いている者が少なくない。だが、本書で解説したように、日本人の優秀さは「第2の波」＝工業化社会における勤勉さに過ぎず、「第3の波」＝IT社会の後半で立ち往生し、「第4の波」を乗り越えるための人材育成には全く手をつけられていないということに多くの人が気づいていない。そこが問題なのだ。

本書では、その本質的な課題に初めて警鐘を鳴らし、日本人が目指すべき方向性を明示したつもりである。この本が読者の皆さんにとって飛躍の道標（みちしるべ）になれば幸いである。

【編集部より】本書は、著者が主宰する企業経営者の勉強会「向研会」での講演に加えて、週刊ポストの連載「ビジネス新大陸の歩き方」の２０２２年3月～11月までの掲載記事の中から抜粋し、加筆・修正した上で再構成したものです。

編集協力／中村嘉孝
校正／西村亮一
本文ＤＴＰ／ためのり企画
図表出典／ＢＢＴ大学総合研究所
帯写真撮影／国府田利光
装幀／河南祐介（ＦＡＮＴＡＧＲＡＰＨ）
編集／関 哲雄

大前研一（おおまえ・けんいち）

1943年福岡県生まれ。経営コンサルティング会社マッキンゼー・アンド・カンパニー・インク入社後、本社ディレクター、日本支社長、アジア太平洋地区会長を歴任。『企業参謀』『ボーダレス・ワールド』などの著書が世界的ベストセラーとなり、未来学者アルビン・トフラー氏、経営学者ピーター・ドラッカー氏、ナイキ創業者フィル・ナイト氏、マイクロソフト創業者ビル・ゲイツ氏をはじめとする多くの学者・経済人と親交を深め、イギリスのサッチャー首相、マレーシアのマハティール首相、台湾の李登輝総統（いずれも当時）らのアドバイザーとしても活躍。現在、ビジネス・ブレークスルー（BBT）代表取締役会長、BBT大学・大学院学長などを務め、日本の将来を担う人材育成に力を注いでいる。

著書に、『新・資本論』『考える技術』などのロングセラーのほか、『大前研一 日本の論点』シリーズや『低欲望社会』『発想力』『経済を読む力』『新・仕事力』『稼ぎ続ける力』『経済参謀』など多数。

第4の波

大前流「21世紀型経済理論」

2023年3月5日 初版第1刷発行

著　者　大前 研一

発行者　三井 直也

発行所　株式会社 小学館

〒101-8001

東京都千代田区一ツ橋2-3-1

電話　編集 03-3230-5951

販売 03-5281-3555

印刷所　萩原印刷 株式会社

製本所　株式会社 若林製本工場

 ISBN978-4-09-388884-4